AF196192

Tucholsky Wagner Zola Scott Freud Schlegel
Turgenev Wallace Fonatne Sydow
Twain Walther von der Vogelweide Fouqué Friedrich II. von Preußen
Weber Freiligrath Frey
Fechner Fichte Weiße Rose von Fallersleben Kant Ernst Frommel
Richthofen
Hölderlin
Engels Fielding Eichendorff Tacitus Dumas
Fehrs Faber Flaubert
Eliasberg Ebner Eschenbach
Feuerbach Maximilian I. von Habsburg Fock Eliot Zweig
Ewald Vergil
Goethe Elisabeth von Österreich London
Mendelssohn Balzac Shakespeare
Lichtenberg Rathenau Dostojewski Ganghofer
Trackl Stevenson Doyle Gjellerup
Mommsen Tolstoi Lenz Hambruch
Thoma Hanrieder Droste-Hülshoff
Dach Verne von Arnim Hägele Hauff Humboldt
Reuter Rousseau Hagen Hauptmann Gautier
Karrillon Garschin
Defoe Baudelaire
Damaschke Descartes Hebbel
Hegel Kussmaul Herder
Wolfram von Eschenbach Schopenhauer
Darwin Dickens Rilke George
Bronner Melville Grimm Jerome Bebel
Campe Horváth Aristoteles Proust
Bismarck Vigny Barlach Voltaire Federer Herodot
Gengenbach Heine
Storm Casanova Tersteegen Gilm Grillparzer Georgy
Chamberlain Lessing Langbein Gryphius
Brentano Lafontaine
Strachwitz Claudius Schiller Kralik Iffland Sokrates
Bellamy Schilling
Katharina II. von Rußland Gerstäcker Raabe Gibbon Tschechow
Löns Hesse Hoffmann Gogol Wilde Vulpius
Luther Heym Hofmannsthal Gleim
Klee Hölty Morgenstern
Roth Heyse Klopstock Goedicke
Luxemburg Puschkin Homer Kleist
La Roche Horaz Mörike Musil
Machiavelli Kierkegaard Kraft Kraus
Navarra Aurel Musset
Nestroy Marie de France Lamprecht Kind Kirchhoff Hugo Moltke
Laotse Ipsen Liebknecht
Nietzsche Nansen
Marx Lassalle Gorki Klett Ringelnatz
von Ossietzky May Leibniz
vom Stein Lawrence Irving
Petalozzi Platon Knigge
Pückler Michelangelo Kafka
Sachs Poe Kock Kock
Liebermann
de Sade Praetorius Mistral Zetkin Korolenko

Der Verlag tradition aus Hamburg veröffentlicht in der Reihe **TREDITION CLASSICS** Werke aus mehr als zwei Jahrtausenden. Diese waren zu einem Großteil vergriffen oder nur noch antiquarisch erhältlich.

Symbolfigur für **TREDITION CLASSICS** ist Johannes Gutenberg (1400 — 1468), der Erfinder des Buchdrucks mit Metalllettern und der Druckerpresse.

Mit der Buchreihe **TREDITION CLASSICS** verfolgt tradition das Ziel, tausende Klassiker der Weltliteratur verschiedener Sprachen wieder als gedruckte Bücher aufzulegen – und das weltweit!

Die Buchreihe dient zur Bewahrung der Literatur und Förderung der Kultur. Sie trägt so dazu bei, dass viele tausend Werke nicht in Vergessenheit geraten.

Das grüne Haus

Paula Dehmel

Impressum

Autor: Paula Dehmel
Umschlagkonzept: toepferschumann, Berlin

Verlag: tradition GmbH, Hamburg
ISBN: 978-3-8424-8915-8
Printed in Germany

Rechtlicher Hinweis:
Alle Werke sind nach unserem besten Wissen gemeinfrei und
unterliegen damit nicht mehr dem Urheberrecht.

Ziel der TREDITION CLASSICS ist es, tausende deutsch- und
fremdsprachige Klassiker wieder in Buchform verfügbar zu
machen. Die Werke wurden eingescannt und digitalisiert. Dadurch
können etwaige Fehler nicht komplett ausgeschlossen werden.
Unsere Kooperationspartner und wir von tredition versuchen, die
Werke bestmöglich zu bearbeiten. Sollten Sie trotzdem einen Fehler
finden, bitten wir diesen zu entschuldigen. Die Rechtschreibung der
Originalausgabe wurde unverändert übernommen. Daher können
sich hinsichtlich der Schreibweise Widersprüche zu der heutigen
Rechtschreibung ergeben.

Das grüne Haus

Ja, es ist ein grünes Haus, in dem ich wohne; und alle Märchen und Geschichten, die in diesem Buche stehn, sind darin geschrieben worden. Es ist nicht etwa grün angestrichen wie ein Gartenzaun oder eine Blumenbank – nein, das wäre häßlich, die Menschen verstehen noch immer nicht die Farben so gut zu mischen wie der liebe Gott – mein Haus ist anders grün, und auch nur im Sommer. Dann wachsen die Haselsträucher und die Kletterrosen so dicht an den Mauern, daß man vor lauter Grün nicht in die Fenster sehen kann, trotzdem sie ganz niedrig liegen; und wenn der Wind kommt, weht er Laub und Blütenblätter über meinen Schreibtisch; und manche kleine Raupe und manches Käferchen ist schon über meine Märchen gekrochen.

In diesem grünen Hause wohne ich mit meinen drei Kindern, der Detta, dem Peter und der kleinen Liselotte, die noch nicht in die Schule geht und ein großer Wildfang ist, so daß ich meine liebe Not mit ihr habe. Denkt nur, neulich wollte sie durchaus die Blumen von meinem neuen Sommerhut abpflücken; und weil ich ihr das nicht erlauben konnte, hat sie so mörderlich geschrien, daß ich sie mit allen Kleidern in die Badewanne setzen und die kalte Brause aufmachen mußte. Da bekam sie einen Schreck und wurde still.

Detta und Peter sind schon verständiger; wenn sie sich nicht so oft streiten würden, wäre ich ganz zufrieden mit ihnen, aber das können sie sich nicht abgewöhnen.

Unser Vater ist in die weite Welt gegangen, um das Glück zu suchen, und so sind wir allein in dem grünen Hause. Nein, doch nicht! Außer uns ist noch Dido, der Teckel da, der alle Menschen anbellt, die am Gartenzaun vorbeigehn, und die alte Guste, die Kartoffeln schält und die Stuben aufräumt, denn das tue ich nicht gern. Sonst aber bin ich eine richtige Mutter wie euere Mutti auch und kann Mittag kochen und nähen, wie sich das gehört.

Nachmittags, wenn die Kinder fertig mit arbeiten sind, gehn wir in den Wald hinaus, der dicht vor unserm grünen Hause liegt, oder an den kleinen Schilfsee. Da dürfen die Kinder spielen und in den Kahn klettern, der am Ufer angebunden ist, und so tun, als ob sie rudern; oder sie können die Enten füttern, die auf dem See schwimmen. Wenn die Sonne untergeht, freuen wir uns über die leuchtenden, goldroten Kiefernstämme und über die rosa Wolken, die am Himmel stehn.

Ist das Wetter nicht schön, bleiben wir zu Hause und machen Musik. Detta kann schon kleine Stücke auf der Geige spielen, und ich begleite sie auf dem Klavier, das klingt fein. Oder wir singen zusammen schöne Volkslieder, lustige und traurige. Die alte Guste sitzt dann auch mit dem Strickzeug dabei und hört zu, und der Dido rührt sich nicht aus dem Zimmer, auch der hört gern Musik.

An warmen Abenden, wenn die größeren Kinder draußen Zeck und Versteck spielen, setze ich mich auf die Veranda, nehme die Liselotte auf den Schoß und erzähle ihr was.

Am liebsten hört sie die Geschichte von Freund Husch. Das ist der kleine Nachtgeist, der mit seiner Glühwürmchenlaterne hin und her läuft und nachsieht, ob all seine Schnecken- und Käferkinder artig eingeschlafen sind.

Wenn der Mond in den Garten scheint, singe ich den Kindern das Lied von der Prinzessin Mirlamein vor, die im Monde sitzt und spinnt und die langen glitzernden Fäden über die Welt wirft, damit die Menschen schöne, helle Träume bekommen.

Zuletzt, wenn die Kinder schlafen und alles mäuschenstill ist, gehe ich in den Garten hinaus, wo mein lieber Nußbaum steht, mit seinen glänzenden, wohlriechenden Blättern.

Um ihn her ist eine Bank gezimmert; ich setze mich darauf, lehne den Kopf gegen den Stamm und mache die Augen zu. Wie schön das ist! Leise rauschen die Blätter, ich höre Töne, Worte, und bald werden es ganze Geschichten, die mir der Baum zuflüstert. Stundenlang kann ich so zuhören und aufmerken, was er erzählt. Manchmal wirft auch eine kleine Grille oder ein Nachtvogel ein paar Worte dazwischen, oder ein Fröschlein gibt etwas von seiner Weisheit dazu.

Das beste aber sagt mir der Nußbaum; und ich bewahre es wohl in meinem Sinn. So sitz ich an manchem Sommerabend unter seiner Krone, und wenn ich genug von seinen Märchen weiß, gehe ich zurück ins grüne Haus und setze mich an den Schreibtisch. Da steht der große, geschnitzte Lederstuhl, da liegt meine Feder und ein Päckchen weiße Blätter, da kann ich aufschreiben, was mir das Nußbäumchen erzählt hat, und ihr sollt auch etwas davon hören.

Die goldne Spinne

Der kleine Karlmann war sehr still und hatte immer solche Sehnsucht. Wonach er Sehnsucht hatte, wußte er selber nicht, aber es tat recht weh.

Oft besah er sich das Bild seiner Mutter, das in Vaters Studierstube über dem Schreibtisch hing. Sie hatte ein weißes Kleid an und einen grünen Kranz mit einem Schleier auf dem Kopfe und war sehr schön. Karlmann wußte, daß das Kleid ein Hochzeitskleid und der Kranz ein Brautkranz gewesen war. Und nun war sie schon so lange tot, fast so lange wie er lebte.

Manchmal stand er auch am Küchenfenster und sah über den Zaun weg auf die Straße. Da spielten die Kinder »es ging ein Bauer ins Holz« und andere Spiele. Karlmann sah gern zu, aber mitspielen mochte er nicht; die Kinder waren so heftig und laut und etschten ihn aus, weil er so still war. Nein, besser spielte es sich schon mit Mohr; der war gut und freute sich, wenn man ihn von der Kette losmachte und mit ihm um den großen Rasenplatz herumlief.

Am liebsten saß er aber drin bei der alten Nanna und ließ sich Geschichten erzählen; vom Feuermännchen und der Maus Grisegrau oder von der schönen Müllerstochter, die in den Mühlgraben gefallen war und den häßlichen Wasserbock mit dem grünen Barte heiraten mußte. Die allerschönste Geschichte aber war doch die von der goldnen Spinne, die ihre Fäden vom Himmel bis zur Erde spannte. Die Nanna hatte ihm gesagt, daß die goldne Spinne nur goldne Wespen essen könne, und daß sie im Frühjahr in der alten Eiche am Park wohne. Wer ihr eine goldne Wespe bringe, kriege den Himmel zu sehn, hatte sie gesagt. Da dachte der kleine Karlmann oft, wie er wohl der goldnen Spinne eine goldne Wespe bringen könne, aber es fiel ihm nichts ein.

Einmal lag er unter dem Fliederbusch an der Laube. Er hatte die Hände unter den Kopf gelegt und sah dem Luftballon zu, der weit oben im blauen Himmel stand. Das Schiffchen unten glänzte wie Silber, und wieder hatte der kleine Karlmann solche Sehnsucht. Er wäre gern da oben in dem Luftballon gewesen, hoch, hoch über den Bäumen und den Menschen. Der Lehrer hatte gesagt, die ganze Erde wäre nur eine große Kugel. Ob man das von oben sehen konnte? Oder ob man noch höher mußte? Bis an die Sonne, wo die goldne Spinne ihre Fäden festgebunden hatte?

Da flog eine Schwalbe hoch über ihn weg, und – pink – fiel etwas ins Gras. Als er sich aufrichtete und hinsah, war es eine goldne Wespe; da wußte er gleich, daß er die der goldnen Spinne bringen müsse, band sie in sein Taschentuch und ging zum Parke.

Da saß nun der kleine Karlmann und wartete auf die goldne Spinne. Er saß geduldig unter der alten Eiche und guckte sich die seltsamen krummen Äste an. Ja, das mußte wohl die Wundereiche sein! Ihm wurde ganz bange, und er legte sich in das frischgeschnittne Gras. Wie süß das roch, und wie wunderlich die Sonnenstrahlen aus den Zweigen ins Gras hüpften, blank! hopp, hopp, blink, blank! Ob wohl die Engel so tanzen konnten? Die Augen taten ihm weh vom bloßen Hinsehen, und er machte sie lieber zu. Da sah alles noch viel schöner aus! Die hunderttausend goldnen Blättchen und die rote Sonne und die weißen Sternblumen. Da saßen auch die bunten Papageien und der komische Pfefferfresser mit dem mächtigen rotgelben Schnabel und den prächtigen bunten Federn. Die waren gewiß aus dem Zoologischen Garten gekommen, um die goldne Spinne zu besuchen. Ja, und da war sie ja schon selber, die goldne Spinne! Der kleine Karlmann staunte, er hatte sie gar nicht kommen sehn! Und nun war da ein herrliches goldnes Netz, das spannte sich, soweit er sehen konnte, von Baum zu Baum, und ein Funkeln und Leuchten war um ihn her. Die goldne Spinne aber kam auf ihn zu, ließ noch immer neue Fäden aus ihrem Leibe wachsen und sang mit feiner Stimme:

> Spinne spinnt im Sonnenschein
> goldne Netze schleierfein;
> goldne Fädchen, Sonnenfädchen,
> für die Knaben, für die Mädchen;
> spinnt sie ein,
> spinnt sie ein,
> spinnt die stillen Kinder ein.

Während sie das sang, hatte sie Karlmann mit den weichen goldnen Fäden ganz umsponnen; aber er fürchtete sich nicht, ihm war wie im allerschönsten Traum ganz wunderselig zu Sinn. Komm mir nach, sagte die goldne Spinne. Karlmann hatte nun ein Kleid von lauter Gold an und wunderte sich, wie leicht und geschickt er klettern konnte! Er nickte den Papageien und dem Pfefferfresser zu, die verwunderte Augen machten, und stieg der goldnen Spinne nach, hoch oben in die Spitze der alten Eiche. Wie ein grünes Meer lag der Park unter ihnen, denn der Eichbaum war höher als alle andern Bäume, viel höher; ja, was war denn das? Er wuchs noch immer höher, bis an die Wolken! Da lag das Haus seines Vaters, er erkannte es an dem Taubenschlag; da lag die Kirche und das Schulhaus, und alles war so putzig klein! Und der Kanal! wie eine silberne Schlange sah der aus!

Der Eichbaum wuchs noch immer. Tiefer und tiefer lag die Stadt unter ihnen. Zuletzt sah er nur noch helle und dunkle Flecke. Über die Berge sah er und über den Wald. Er sah, wie der Kanal in einen großen Fluß mündete, und wie der große Fluß weit, weit in das Land hineinging.

»Jetzt kommt unser Wagen,« sagte die goldne Spinne. Da hielt der kleine Luftballon, den Karlmann vorhin gesehen hatte, grade vor ihnen. Die Spinne spann ihn fest mit einem goldnen Faden, und sie stiegen in das silberne Schiffchen. »Nun sollst du auch sehen, wozu ich die goldne Wespe brauche,« sagte die Spinne. Dabei holte sie das Tierchen hervor und knüpfte zwei starke Fäden um seinen schlanken Hinterleib. Hui, flog die Wespe davon, und die große Spinne hatte ihr Pferdchen am Zügel. »Wenn wir zu Gott kommen, muß sie sterben, aber sie tut es gern, denn Gott wird sie küssen, und das ist das größte Glück,« sagte die goldne Spinne. »Sieh nur, wie die Erde immer kleiner wird, jetzt merkst du schon, daß sie eine Kugel ist, wie der Mond und die andern Sterne auch!«

Karlmann sah erstaunt hinunter. Nur Land und Wasser konnte er noch unterscheiden und die hohen Berge. Und immer weiter flog die Wespe mit dem silbernen Schiffchen, an dem Mond vorüber, der auch Berge und Meere hatte, und an tausend Sternen vorbei, großen und kleinen, roten und weißen, blauen und grünen.

»Wenn du jetzt nicht dein goldnes Kleid anhättest, müßtest du erfrieren; hier ist die Luft so dünn und kalt, daß kein Mensch drin leben kann,« erklärte die goldne Spinne, »bald aber sind wir im

Garten der jungen Engel, da ist es warm, und da werden wir bleiben.«

Karlmann war noch stiller als sonst, aber er hatte gar keine Sehnsucht, er mußte nur immer und immer die funkelnden Sterne ansehen.

Endlich waren sie im Garten der jungen Engel. Ein großes Tuch aus weißem Sammet war zwischen vier Sternen ausgespannt. Bäume und Blumen wuchsen da, wie auf der Erde, nur viel höher und leuchtender. Durch die Büsche flogen seltsame, große Vögel. Dazwischen standen und saßen viele hundert Engel, die hatten Geigen oder Flöten in den Händen, einige lasen auch in Büchern. Alle hatten weißseidne Gewänder an und Sonnenstrahlen um den Kopf. In der Mitte stand ein großer Stuhl. Der war aus weißen Wolken gebaut, und vier große graue Adler saßen auf der Lehne. »Das ist der Thron des lieben Gottes,« sagte die goldne Spinne und ging mit Karlmann an den Engeln vorbei, die freundlich grüßten. Sie setzten sich an den Stufen vor Gottes Thron nieder, und die Spinne erzählte: »Heut ist Sonnwendfest, heut kommt Gott hierher und küßt die Seelen, die neu in den Himmel gekommen sind; dann werden sie selig und bekommen Flügel. Höre, die Engel machen schon Musik.«

Solche Musik hatte aber Karlmann noch nie gehört! Es klang wie das Rauschen von Bäumen und von Wasserfällen, wie das Summen von Käfern und von Grillen, dazwischen kamen lange Töne, als ob die Nachtigall riefe. Und alles war so feierlich, daß Karlmann kaum zu atmen wagte. Als er sich aber nach der goldnen Spinne umsah, mußte er die Augen zutun vor all dem Glanze! Wie die liebe Sonne selbst stand sie da, und auf ihrem funkelnden Netze kletterten die kleinen Engel auf und ab! Auf dem Throne aber saß ein großer schöner Mann mit weißem Bart und weißen schlanken Händen. Und alle Engel beugten sich vor ihm, und alle Engel küßte und segnete der liebe Gott, und alle bekamen Flügel und hatten selige Augen.

Die goldne Spinne aber hatte auf einmal das schöne Gesicht von seiner verstorbenen Mutter und hatte einen langen Schleier und einen Kranz auf dem Kopfe. Sie nahm Karlmann bei der Hand und führte ihn zu Gott. »Küsse ihn auch, Herr,« bat sie, »küsse ihm die böse Sehnsucht fort, daß er lustig wird wie die andern Kinder und im Sonnenlicht mit ihnen spielen kann.«

»Küssen will ich ihn wohl,« sagte der liebe Gott und zog Karlmann zu sich heran, »aber seine Sehnsucht kann ich ihm nicht wegküssen, die muß er behalten.« Und Gott küßte Karlmann auf die Stirn. Da brauste der Himmel; tausend Glocken läuteten, dem Kinde war, als fiele ein großes Feuer in sein Herz, er schluchzte laut vor Seligkeit und fiel auf die Knie.

Als er sich wieder aufrichten und Gott und seine schöne liebe Mutter noch einmal ansehen wollte, war es dunkel um ihn her; er fiel, die Sinne vergingen ihm fast, er fiel, lautlos und schnell fiel er durch die Nacht, immer tiefer, immer tiefer, bis er unten im Park auf der Erde lag. Es war an derselben Stelle, wo ihn die Spinne abgeholt hatte. Er stand auf und ging nach Hause. Nanna und Mohr standen vor der Tür und wollten ihn eben suchen gehen. Die Nanna meinte, er hätte geschlafen und geträumt, er wußte es aber besser.

Er blieb noch immer der stille, kleine Karlmann; aber wenn die Sonne durch die Zweige schimmerte, sah er die goldne Spinne, die die Augen seiner Mutter hatte, mitten in ihrem Strahlennetze sitzen, und die kleinen Engel daran auf- und niedersteigen. Und wenn die böse Sehnsucht kam und ihn quälen wollte, fühlte er Gottes Kuß auf der Stirn und das Feuer im Herzen, und dann tat dem kleinen Karlmann die böse Sehnsucht nicht mehr weh.

Mariechen und die Sonne

Es war einmal ein liebes kleines Mädchen, das Mariechen hieß. Alle Morgen, wenn Mariechen aufstand, lief sie ans Fenster und nickte der Sonne zu; der war sie gar zu gut, weil sie so hell und warm war. Oft streckte sie die Arme nach ihr aus, wie nach ihrem Mutterchen, und freute sich und sagte: »Ei, meine allerliebste schöne Sonne!«

Eines Tages aber wachte das kleine Mädchen auf; o, da war es ganz dunkel, so dunkel, daß sie die Strümpfe nicht finden konnte. »Wo ist meine Sonne?« fragte sie da traurig, »meine helle Sonne?« Aber selbst der Fritz, der sonst so klug war und alles wußte, konnte es ihr nicht sagen.

Da zog sie die neuen Schuhe an und die Jacke mit den blanken Knöpfen und ging die Sonne suchen.

An der Haustür traf sie den Regen. »Guten Tag, Plantschpeter,« sagte das Kind, »hast du meine Sonne nicht gesehn?« »Laß doch, plinsche, plansche, laß doch,« meinte der Regen. »Warte man, du Grisegrau,« schmollte Mariechen, »warte man,« und sie spannte den Regenschirm auf.

Da kam ihr der Wind entgegen. »Ach Wind, du kommst so weit her, weißt du nicht, wo meine goldne Sonne heute bleibt?« »Heule, hule, heule,« machte der Wind. »Aber das ist doch keine ordentliche Antwort,« sagte das Kind und verzog den Mund. Doch der Wind ließ sie stehn und sauste vorüber. Wie grob der Wind ist, dachte Mariechen ärgerlich und ging weiter. Über ihr jagten große, schwarze Wolken. »Ach Wolken, habt ihr meine schöne Sonne nicht gesehen? Ihr wohnt ihr doch so nah, bitte, sagt mir, wo ich sie finde; ich will euch auch meine Puppe Hildegard schenken; sie hat blonde Locken und ist noch ganz neu.« »Wir jagen, wir jagen, wir haben keine Zeit,« antworteten die Wolken und sahen so finster auf das Kind herab, daß es ganz ängstlich wurde und in den Wald lief.

Da stand ein Rosenstrauch mit vielen Knospen. »Du lieber Rosenstrauch, ich weiß, du bist der Sonne ebenso gut wie ich, kannst du mir nicht sagen, wo sie heut so lange bleibt?« Der Rosenstrauch rauschte: »O ich war durstig; meine Blätter waren voll Staub, meine Knospen verwelkten fast, ich war so durstig.« »Aber die Sonne,«

weinte das Kind. »O, ich war so durstig,« sang der Strauch weiter, »da kamen die Tropfen, meine Blätter tranken, meine Knospen richteten sich auf, es war so kühl und herrlich! Und wenn die Sonne kommen wird, werden meine Knospen blühn, und sie wird mich küssen!«

»Ja, glaubst du, daß sie noch kommt?« fragte Mariechen wieder. Der Rosenstock aber schwieg, in sich selbst versunken.

Da ging das kleine Mädchen traurig weiter. Es war so dunkel und schaurig im Walde, und die Frösche raschelten so unheimlich im nassen Grase, daß es ganz gewiß noch mehr geweint hätte, wenn da nicht plötzlich der schöne, rote Vogel angeflogen wäre. Der setzte sich auf ihre Schulter und sah sie mit den kleinen blanken Augen freundlich an. »Was schenkst du mir, Mariechen, wenn ich dir die Sonne rufe?« piepte er. »Einen Kuß, einen süßen Kuß,« rief die Kleine froh, und damit faßte sie auch schon den lieben Vogel um den Hals und gab ihm einen herzhaften Kuß gerade auf den Schnabel. Da nickte er ihr zu, flog in die Luft und hüpfte auf die allerhöchsten Baum, ganz oben auf die Spitze. Dann fing er an zu singen, erst zart und leise, dann immer jubelnder und zuletzt so schmetternd und glückselig, daß alle Blumen die Köpfchen hoben und alle Tiere im Walde erstaunt auf das schöne Lied horchten.

Mariechen aber tanzte vor Freude; denn kaum hatte der Vogel zu singen angefangen, da war es heller und heller geworden, und plötzlich war die Sonne groß und leuchtend hinter den schwarzen Wolken hervorgekommen. Die aber flogen davon, so schnell sie konnten; der Wind legte sich still der Sonne zu Füßen; der Regen kroch in die Erde, und über dem Felde schimmerte ein prächtiger Regenbogen.

»Ei, meine allerliebste schöne Sonne!« jauchzte Mariechen und streckte beide Arme nach ihr aus. Dem schönen Vogel aber, der hoch oben in den Zweigen schaukelte, warf sie noch ihr bestes Kußhändchen zu.

Dann lief sie nach Hause, und ihr werdet's euch schon denken: Fritz bekam die ganze Geschichte von A bis Z vorerzählt. Ja, da merkte er, daß er doch noch nicht alles wußte!

Als es nicht regnen wollte

»Wenn es nicht bald regnet, fall ich um,« sagte der Regenschirm zum Spazierstock, der einen Schlangenkopf hatte und immer mitgenommen wurde, »ich sterbe vor Langeweile! Dies häßliche schöne Wetter! Ich fühle, daß ich umfalle, wenn es nicht bald regnet.«

Aber es regnete nicht. An dem klaren Himmel stand die glühende Sonne und schien! Und wenn sie unterging, war es noch immer heiß und schwül. Die Blätter an den Bäumen waren verstaubt und dürr; die Blumen blühten auf und verwelkten gleich wieder; die Vögel suchten ängstlich nach Wasser, selbst der Bach war ausgetrocknet. Auf der Landstraße marschierten mürrische, durstige Soldaten; sie waren über und über mit Staub bedeckt.

Und der Regenschirm oben im Ständer fiel wirklich um vor Ärger und Langeweile.

Am Nachmittag schossen die Soldaten im Manöver, bum, bum.

Da guckten ein paar neugierige Wölkchen ganz hinten über den Horizont. »Was bumst denn da?« sagten sie und kamen näher.

Und immer mehr Wolken kamen und wollten wissen, wo das Bumsen herkäme. Sie konnten aber nicht darüber einig werden. Sie kamen ins Zanken und stießen mit den Köpfen aneinander. Und wißt ihr was? Wenn Wolken sich die Köpfe stoßen, platzen sie; und wenn sie platzen, regnen sie; und so kam es, daß an dem Tage ein tüchtiger Regen auf die Erde fiel!

Die Blätter und die Blumen atmeten frisch und tranken sich satt; die Spatzen balgten sich in der Pfütze; der Bach rauschte; die Soldaten sangen beim Nachhausemarschieren ein tüchtiges Soldatenlied, und der Regenschirm ging mit Fritzchen und den Gummischuhen auf dem Hofe spazieren.

Er blähte sich vor Freude und dachte an den Spazierstock mit dem Schlangenkopf, der traurig in der Ecke stand, weil er nicht mitgenommen wurde.

Die kleine Prezel

Ja, ja, unserm guten kleinen Prezelchen ging's recht schlecht in der Welt, hört mal zu!

Die kleine Prezel lebte mit einer großen Prezel zusammen bei einem Dorfbäcker. Sie hatten sich so lieb, daß sie gar nicht mehr ohne einander schlafen konnten, ja, so sehr lieb hatten sie sich. Eines Morgens aber sagte die große Prezel zur kleinen: »Prezelchen, ich muß auf ein paar Tage verreisen, ängstige dich nicht um mich, ich komme bald wieder.« Aber die große Prezel kam nicht wieder.

Prezelchen wartete geduldig drei Tage lang und noch drei Tage. Da fing sie an zu weinen und weinte eine ganze Woche. Dann hörte sie aber auf, packte ein Hemdchen und ein Nachtmützchen ein und machte sich auf die Wanderschaft, um die große Prezel zu suchen.

Gegen Abend wurde sie müde, denn die Stadt, wohin die große Prezel gereist war, lag sehr weit, und nirgends konnte sie ein Fuhrwerk erspähen. Endlich traf sie ein Kaninchen mit einem kleinen Wagen.

»Bitte, liebes Kaninchen,« sagte die kleine Prezel, »laß mich doch ein Stück mitfahren, das Gehen wird mir so schwer, ich habe ja keine Beine.«

»Gern,« sagte das Kaninchen, »bis zum Stall kannst du mitfahren.«

Prezelchen stieg ein und fuhr mit bis zum Kaninchenstall. Als sie sich schön bedanken wollte, meinte das Kaninchen: »O, kein Ursach, aber laß mich zum Lohne ein Stückchen von dir abbeißen, ich esse Prezeln so gern!«

»Natürlich,« sagte sie mutig, und das Kaninchen knusperte und schluckte, bis unser Kleinchen noch ein gut Teil kleiner geworden war. Langsam ging sie weiter und dachte nur an ihre liebe, große Prezel. So kam sie in einen Wald, da war es kalt und dunkel. Prezelchen zitterte vor Frost und verlor im Finstern den Weg. Zum Glück kam ein Dachs daher. »Ach, lieber Dachs,« rief sie ängstlich, »weißt du hier in der Gegend kein Nachtquartier für arme Prezeln? Mich friert so.« »Ein Nachtquartier für Prezeln gibt es hier nicht,« brummte der Dachs, »aber du kannst bei mir schlafen,« und er nahm die kleine Prezel mit in seine Höhle. Da schlief sie weich und warm auf einem dicken Moosbett und wachte erst am späten Morgen auf. »Vielen Dank, Herr Dachs,« sagte sie freundlich. Als sie aber fortgehen wollte, hielt er sie fest und knurrte: »Erst gib mir etwas von dir ab zum Frühstück!« Und ohne die Antwort abzuwarten, hatte er dem Prezelchen beinah die Hälfte abgebissen.

Unserm Prezelchen tat das recht weh, aber sie sagte nichts und ging mit Schmerzen weiter. Gegen Mittag bekam sie großen Hunger, denn sie hatte ja seit gestern Morgen selbst noch nichts gegessen.

Da sah sie über sich in einem Strauch zwei schöne, reife Haselnüsse hängen; aber sie konnte nicht hinauflangen, und klettern konnte sie erst recht nicht. Also rief sie einem Eichhörnchen, das gerade vorbeigesprungen kam, so laut sie konnte, zu: »Bitte, bitte, liebes Eichhörnchen, pflücke mir doch die Nüsse da ab und knacke sie mir auch gleich auf, ich bin zu schwach dazu.«

Eichhörnchen war auch wie der Wind oben und warf der Kleinen die Nußkerne grad vor die Füße, nein, den Bauch – denn Füße hatte sie ja nicht.

Prezelchen aß und ließ sich von dem Eichhorn auch noch ein Nußschälchen voll Wasser holen; dann dankte sie dem Tierchen von ganzem Herzen und wollte weitergehen.

»Höre,« sagte da das Eichhörnchen, »meine Kinder essen gar zu gern Prezeln; darf ich mir ein bißchen für sie abbrechen?« »Aber nicht zu viel,« stotterte die kleine Prezel, »sonst bleibt ja garnichts mehr von mir übrig, und ich muß doch meine große Prezel suchen!«

Eichhörnchen brach ein Stückchen ab und lief nach Hause. Ganz entsetzt ging unser Prezelchen weiter; selbst nach dem Weg zu fragen hatte sie in ihrer Angst vergessen. Da traf sie eine alte Frau, die Pilze suchte, und weil sie hatte sagen hören, daß die Menschen besser seien als die Tiere, faßte sie wieder Mut und fragte unter Tränen nach dem nächsten Weg zur Stadt. Die Frau guckte das Prezelchen, das durch das viele Weinen schon ganz weich geworden war, von oben bis unten an, dann meinte sie:

»Eine Liebe ist der andern wert. Du bist so sehr schön weich, und ich habe keine Zähne mehr; gib mir ein paar Brocken ab von dir, und ich sage dir Bescheid.«

Da fing die kleine Prezel noch mehr an zu weinen und rief schluchzend: »Ist denn in der ganzen Welt kein einziger, der einem hilft, ohne etwas dabei abzubeißen?!« Aber weil sie gern weiter wollte und die alte Frau hartherzig blieb, brach sie sich selber ihre weichsten Bröckchen los, und nun zeigte ihr die Frau den richtigen Weg.

Es war fast Abend als sie in die Stadt kam. Gleich in der ersten Straße wohnte ein Konditor, und da sah nun unser aufgeweichtes, abgezehrtes Prezelchen ihre geliebte große Prezel an einem blauen Bändchen in der Ladentür aushängen, um die Leute anzulocken. Ach, wie gern wäre sie hinaufgesprungen und hätte sich küssen lassen; aber sie konnte nicht mehr springen.

»Mach mich los, mach mich los,« schrie die große Prezel, »ich werde hier ganz hart vor Hitze, seit acht Tagen brat ich in der Sonne.«

Aber die kleine Prezel konnte sich ja selber kaum noch helfen, so ein kleines, blasses Stummelchen war sie bloß noch; und vor Verzweiflung humpelte sie rings um sich herum und bat den lieben Gott um Rettung. Da kam eine Schwalbe angeflogen und ganz glückselig rief Prezelchen: »Liebes gutes Schwälbchen, nimm mir doch die große Prezel da vom Nagel ab, die bösen Menschen haben sie angebunden!«

Schwälbchen besah sich erst die Sache ganz genau, faßte dann behutsam das blaue Bändchen mit dem Schnabel und setzte die Prezel in Freiheit.

»Ist die aber schwer,« piepste das Schwälbchen.

Da stand sie nun, die schöne große Prezel, an der Ladenschwelle, und die kleine wollte ihr eben mit einem Freudenruf ans Herz stürzen. Aber hui! Da hielt ein Schwalbenbiß sie fest, und die Schwalbe flog mit dem blassen Prezelchen husch über die Dächer. Wahrscheinlich hat sie ihre Jungen damit gefüttert. Die große Prezel stand noch einen Augenblick ganz starr vor Schreck und sah der kleinen nach. Dann sagte sie bedenklich: »Sie war auch gar zu blaß und weich,« ging langsam an den Bäckerkorb und nahm sich eine andere Prezel mit auf die Reise, eine britzebraune, harte, mit der sie wohlbehalten nach Hause kam. Manchmal, wenn sie bei der andern schlief, dachte sie noch an das gute, treue Prezelchen.

Der blaue Vogel

In Island oder Ostpreußen, ich weiß es nicht mehr genau, denn es ist schon sehr lange her, wohnte einmal eine alte Königin. Sie war noch nicht so sehr alt, daß sie schon Runzeln gehabt hätte, aber sie war schon alt genug.

Sie saß ganz allein auf ihrem goldnen Thron und regierte. Sie hatte keinen König und keine Prinzen oder Prinzessinnen, die ihr hätten helfen können; und so mußte sie alles selber regieren.

Es ging sehr ordentlich in ihrem Lande zu, denn die Minister und Räte taten pünktlich ihre Pflicht. Die Königin war auch gerecht; sie schenkte den guten Leuten Orden oder ihr königliches Bildnis und schickte die bösen ins Gefängnis oder ließ sie köpfen. Sie besaß schöne Schiffe und prächtige Soldaten, und ihre Kirchen trugen die höchsten Türme der Welt.

Trotzdem war die alte Königin oft traurig, denn es hatte sie niemand richtig lieb. Sie wurde zuletzt ganz krank und konnte gar nicht mehr lachen.

Ihr Leibarzt, der sonst ein kluger Mann war, wußte ihr nicht zu helfen. Er bestellte Feuerwerk und bengalische Beleuchtung, um die Königin zu belustigen und ließ geputzte Menschen aufs Schloß kommen, die Musik machen und tanzen mußten. Aber die Königin sah ganz wo anders hin und fand alles langweilig. Auch das Essen schmeckte ihr nicht mehr, so große Mühe sich auch der dicke Koch damit gab. Ja, die arme Königin war recht zu bedauern.

Da kam eines Tages ein Mann im blauen Kittel aufs Schloß, der hatte auf der Schulter einen Vogel mit einem Silberfederschwänzchen, und der Vogel konnte sprechen. Der Mann sagte: »Guten Tag, Frau Königin, ich weiß, daß du krank und traurig bist; nimm diesen Vogel, vielleicht macht er dich wieder froh; ich reise durch meine Wälder, wenn ich wiederkomme, werde ich ihn fragen, ob er bei dir bleiben will; bleibt er, so wirst du gesund.« Nach diesen Worten ging der Mann im blauen Kittel und ließ seinen Vogel bei der alten Königin.

Der gefiel er außerordentlich! Er war blau wie der Himmel und wippte mit seinem Silberfederschwänzchen auf und ab, daß es nur so blitzte! Die Königin mochte gar nicht mehr von ihm gehn; sie streichelte ihn, kraute ihm das Köpfchen und fragte ihn, wie er hieße und ob er bei ihr bleiben wolle. Der Vogel besah sich die alte Königin von oben bis unten, schüttelte seine Federn und sang:

> Frohgemut heiß ich,
> nach Häßlichem beiß ich,
> alte Weiber mit Trauergesicht
> lieb ich nicht!

»Majestät,« sagte der Leibarzt, »das ist ein grober Vogel, den solltest du köpfen lassen;« aber die alte Königin hatte den blauen Vogel nur noch lieber und wurde immer trauriger. Sie ließ den schönsten Gartensaal für ihn einrichten und hielt eigens Diener, die ihm Futter bringen und das Bad bereiten mußten.

All ihre freie Zeit brachte sie bei ihm zu. Manchmal fragte sie ihn bescheiden, ob er sie nun lieb hätte und bei ihr bleiben würde; aber dann lachte sie der Vogel aus und wurde noch gröber als das erstemal. Die arme alte Königin grämte sich so, daß sie ganz mager wurde und in der Kirche sogar nicht mehr aufpassen konnte! Nicht einmal ein Vogel wollte sie lieb haben!

Eines Morgens stand sie wieder im Gartensaal und sah ihm zu, wie er lustig von einer Palme zur andern hüpfte, daß sein blaues Gefieder in der Sonne leuchtete. Die Königin schien er gar nicht zu bemerken. Da bekam sie wieder ihre große Traurigkeit. »Lieber Vogel Frohgemut,« rief sie, »willst du denn gar nichts von mir wissen? Sage, was ich tun soll.« Da wippte der Vogel mit dem Silberfederschwänzchen und sagte: »Dummes Weib. dummes Weib.« Als die Königin aber ein noch traurigeres Gesicht machte, flog er ihr auf die Schulter und sang ihr leise ins Ohr:

> »Draußen, hinter Feld und Baum
> träumt die Erde ihren Traum,
> gehe hin, wecke sie,
> höre ihre Melodie!«

Der alten Königin wurde ganz jung zumute, als sie das Liedchen hörte. Sie ließ sich ihren kleinen Purpurmantel bringen, der große mit dem Hermelin war viel zu lang, und ging mit dem Vogel, der wieder auf ihre Schulter flog, die Freitreppe hinunter in den Park. Der Leibarzt dienerte und wollte nach, aber sie befahl ihm zurückzugehen und dafür zu sorgen, daß sie allein bliebe.

Zum erstenmal in ihrem langen Leben ging die Königin allein.

Da sah die Welt ganz neu und anders aus! Die Sonnenstrahlen waren lebendig! Wie Blitzgeister tanzten sie in den Blättern und auf dem Rasen. »Wer tanzt mit mir, wer spielt mit mir,« summte es der Königin durch den Kopf. Das war ein Lied, das sie als kleines Kind von der Amme gelernt hatte, und unwillkürlich sang sie es leise vor sich hin:

> Wer tanzt mit mir?
> Wer spielt mit mir?
> Ich bin so sehr allein.
> Kam da der gelbe Sonnenstrahl:
> »Ich tanze Tippel – huschemal,
> willst du meine Tänzerin sein?«
> Wer tanzt mit mir?
> Wer spielt mit mir?
> Der Sonnenstrahl ist zu fein.
> Kam da der wilde Pustewind,
> »heidi, ich spiele Wegefind,
> laufe doch, fang' mich ein! . . .«
> Wer tanzt mit mir?
> Wer spielt mit mir?
> Der Wind macht mein Krönchen entzwei!
> Kam da ein brauner Junge an,
> macht 'nen Diener wie'n Edelmann:
> »Prinzeß, ich bin so frei!«

»Bravo, bravo, schön,« sagte da der blaue Vogel, schüttelte sein Gefieder und flog hoch in die Luft. Die Königin sah ihm nach und sah, wie er immer weitere leuchtende Kreise zog, bis er vor lauter Helligkeit nicht mehr zu sehn war. Nun ist er weg, dachte sie, aber sie konnte nicht traurig sein, es war zu schön um sie herum, und alles sah sie warm und traulich an.

Neben ihr wuchs eine wilde Kirsche. Sie merkte den süßen Mandelgeruch und legte ihre Backe an den jungen Stamm. Du bist reich und gut, mußte sie denken und guckte den Bienen nach, die den Baum besuchten. Weiter ging sie zu einem Goldregen. Sie sah deutlich, wie die gelben Köpfchen sich anstrengten, um aus der grünen Kammer an die Sonne zu kommen. Am liebsten hätte sie ihnen geholfen; weil sie das aber nicht konnte, streichelte sie die Blüten, eine nach der andern, soviele sie langen konnte! Dann öffnete sie das Parkgitter und war mitten im Walde.

Da standen die alten Kiefern und nickten mit den Kronen wie gute alte Tanten. Die Königin nickte ihnen auch zu und ging weiter ein gut Stück in den Wald hinein. Als sie müde war, setzte sie sich auf einen abgeholzten Stamm und hörte auf das Summen der Insekten und das Hämmern des Spechtes. Sie sah zu, wie eine kleine Meise sich mit einem langen Strohhalm abmühte. »Ja, Schwesterchen, es ist schwer, sich ein Nestchen zu bauen, nicht wahr?« sagte sie zu dem Vögelchen, das sie mit den kleinen klugen Augen neugierig ansah.

Neben ihr machte ein Grashüpfer seine possierlichen Sprünge. Er putzte sich so drollig mit den dünnen Vorderfüßen sein Mäulchen, daß sie laut lachen mußte! Ja, die alte Königin mußte laut lachen und war darüber so vergnügt, daß sie gewiß ins Tanzen gekommen wäre, wenn sie nicht von all dem Sitzen auf dem Thron schon steife Beine gehabt hätte! Sie machte sich ein Sträußchen von Waldblumen, schürzte ihre seidne Schleppe hoch auf und ging viel schneller als vorher weiter in den Wald hinein.

Sie mußte grad an den blauen Vogel und an sein seltsames Liedchen denken, als sie Stimmen hörte. Das waren gewiß Kinder, denn es klang herzlich und hell. Zuerst wollte die Königin umkehren, es war so schön allein im Walde gewesen; aber alte Damen sind neugierig, auch wenn sie Königinnen sind, und so ging sie weiter.

Richtig! Zwischen hohen Kiefernstämmen spielten etwa zwanzig Dorfkinder. Sie waren meist barfuß und arm gekleidet, hatten aber warme, frische Gesichter. Ein dicker kleiner Junge kam auf die Königin zu und sagte: »Willst du mitspielen? Wir spielen Häschen in der Grube, du hast so 'nen feinen Mantel um, das kann die Grube sein.« Der Königin war so, als wäre das ihr Söhnchen und sie ging mit. Die Kinder jubelten und nahmen ihr den Purpurmantel ab. Sie breiteten ihn auf die Erde, das sah ganz herrlich aus, setzten die Königin mitten darauf, machten einen Kreis und sangen:

Häschen in der Grube
saß und schlief,
kam der heilge Kuckdikuck,
und bracht' ihm einen Brief.
Häschen bist du müde?
Oder bist du krank?
Steck doch deine Läufer raus,
ob du noch hüpfen kannst.
Und was stand geschrieben
in Kuckdikuckens Brief?
:,: Dem Kutscher, der nicht fahren kann,
geht der Wagen schief. :,:

Die beiden letzten Zeilen sangen die Kinder sehr schnell und tanzten wie toll um die alte Königin herum. Ihr wurde ganz schwindlig, aber sie lachte, daß ihr die Tränen kamen und sang die Wiederholung mit:

Dem Kutscher, der nicht fahren kann,
geht der Wagen schief.

Als das Spiel aus war, sagten die Kinder, sie wäre eine lustige Frau, wie sie denn hieße. Die Kinder kannten ihre Königin bloß von Bildern her, wo sie ihr Königingesicht machte, und das sieht ganz anders aus, als wenn man mit Kindern spielt. Die Königin lachte und sagte: »Ich bin eine Fee und will den Ärmsten von euch was schenken.« Die Kinder waren verlegen, sie wußten nicht, wer der Ärmste sei. Endlich sagte eines: »Fritz und Lene sind die Ärmsten, die haben keinen Vater und keine Mutter.« Ja, das wären wohl die Ärmsten, meinten die andern auch. »Nun, so wünscht nur los,« sagte die alte Königin und band sich ihren Purpurmantel wieder um; sie dachte gewiß, die Kinder würden sie dann eher für eine Fee halten. Der kleine Fritz, derselbe Junge, der die Königin zum Mit-spielen eingeladen hatte, sagte gleich: »Ich möchte ein lebendiges Pferd haben.« »Sollst du,« sagte die Königin, »und du, Lenchen?«

Das kleine Mädchen sah ihr forschend ins Gesicht: »Wenn du eine Fee bist, könntest du mir eine Mutter schenken, fast alle Kinder haben eine Mutter.«

Da wurde der alten Königin wunderlich zu Sinn; sie nahm das kleine Mädchen an die rechte und den Jungen an die linke Hand, nickte den andern Kindern noch freundlich zu und ging mit den beiden ins Schloß zurück.

Der dicke Koch sperrte seinen großen Mund noch größer auf, als sie mit den Kindern über den Schloßhof kam, und der Leibarzt machte vor Verlegenheit eine Verbeugung über die andere. Da sie aber Königin war, durfte ihr niemand dreinreden, und so blieben die Kinder im Schloß.

Auch ihre alte Großmutter wurde hingeholt und wackelte vor lauter Seligkeit immer von einem Bein aufs andre. Am besten aber hatte es die Königin, die wurde beinah wieder jung vor aller Freude. Die Kinder mußten bei ihr lernen und spielen; fast hätte sie das Regieren vergessen vor lauter Eifer! Ihr erster Gedanke des Morgens waren die Kinder und abends erzählte sie ihnen von dem lieben Gott und den Sternen und noch von vielen andern schönen Dingen. Am liebsten aber ging sie mit ihnen in den Wald; da wußten die Kinder die schönsten Plätzchen und brachten Mutter Königin frische Erdbeeren, die viel besser schmeckten, als die man bei Tisch bekam.

An den blauen Vogel hatte sie die ganze Zeit nicht mehr gedacht. Da hörte sie eines Tages fröhliches Lachen aus dem Gartensaal. Sie ging hinein, da tanzten Fritz und Lene um den blauen Vogel, der unbemerkt durch das Fenster gekommen war und nun fröhlich auf seiner kleinen Schaukel saß, als wäre er nicht weggewesen. Die Kinder aber lachten, weil er immerlos schrie: »Dem Kutscher, der nicht fahren kann, geht der Wagen schief.« Der kleine Schelm mußte wohl im Walde zugehört haben. Der Königin blitzten die Augen vor Freude, als sie den lieben blauen Vogel wiedersah, und nun lachten sie alle drei, daß die alten vergoldeten Stühle und die Bilder mit den steifen Königen mitwackelten.

Plötzlich hielten sie an. Die Tür war aufgegangen, der Mann im blauen Kittel stand im Saal. »Willst du mit, Frohgemut?« fragte er.

Der blaue Vogel wippte mit dem Silberfederschwänzchen, flog der Königin auf die Schulter und sang:

> Die Welt ist gescheidt,
> sie wechselt ihr Kleid
> und schüttelt die Zeit!
> Ich grüße den Herrn,
> Wo Kinder lachen, da bin ich gern.

Da nickte der Mann im blauen Kittel der Königin zu und ging.

Der blaue Vogel aber blieb, und manchmal half er der Königin regieren.

Die Fabel vom Kohlkopf und den Veilchen

Mitten im Veilchenbeet stand ein Kohlkopf. Durch Zufall war er dort hingeraten und prächtig angewachsen. Niemand kümmerte sich um ihn und die Veilchen. Die Leute, denen der kleine Garten gehörte, waren verreist.

Wozu seid ihr auf der Welt, fragte eines Tages der Kohlkopf die Veilchen, als er schon über sie wegsehen konnte. »Ich meine, ihr macht bloß Blätter und keine Köpfe, und ihr müßt wissen, daß die Köpfe die Hauptsache sind!«

Die Veilchen sahen ganz erschrocken aus. Sie verstanden den Kohlkopf nicht, es war ihnen unheimlich, daß er so groß wurde. Ja, täglich konnten sie sehen, wie er wuchs. – »Na, seid ihr stumm,« schrie der Kohl, »was wollt ihr hier?« – »Blühen und duften,« sagte da schüchtern ein Veilchen. »Blühen und duften, hä, kann denn das der Mensch essen? Uns, die Kohlköpfe kann er essen, und Essen ist die Hauptsache! Aber euch! Hi, hi, blühen und duften, blühen und duften!« Und der Kohlkopf schüttelte sich vor Lachen und wurde noch röter als zuvor.

Die Veilchen krochen ganz in sich zusammen; sie hatten Angst vor dem dicken, roten Kohlkopf; sie fanden ihn sehr häßlich, trotzdem er so klug war und gegessen werden konnte! –

Jeden Tag hielt der Kohlkopf den Veilchen lange Reden; sie sollten wenigstens versuchen auch Köpfe anzusetzen; so dünn hätten sie gar keinen Zweck, und Zweck wäre die Hauptsache!

Eines Tages öffneten ein paar Veilchen ihre Kelche, und köstlicher Wohlgeruch strömte über das Beet.

»Wie riecht denn das hier?« sagte der Kohlkopf, »es ist schauderhaft, wie das hier riecht!« Und er wurde so wütend, daß sein Kopf blau anlief.

Am andern Morgen kamen die Leute zurück, denen der Garten gehörte. Ein junges Mädchen öffnete das Gitter und lief auf das Veilchenbeet zu. »Sie blühen schon, sie blühen schon!« jubelte sie, atmete tief ihren Duft ein und begann ein Sträußchen zu sammeln. Da bemerkte sie den Kohlkopf und lachte. »Guck, Fritz, ein Kohl mitten unter Veilchen!« rief sie dem schlanken Manne zu, der eben

in den Garten trat, »gib mir dein Federmesser, ich will ihn ab-
schneiden.« Der aber sagte: »Erst einen Kuß, Rose, dann kriegst du
das Messer;« und das junge Mädchen küßte den Mann, und ihre
Augen lachten.

Der Kohl aber schrie: »Ich will noch wachsen, ich bin noch nicht
dick genug, merkt ihr nicht, daß ich noch nicht dick genug bin? Und
dick sein ist die Hauptsache.« Aber die beiden Menschen verstan-
den die Kohlsprache nicht, und so wurde er abgeschnitten.

Das junge Mädchen pflückte noch mehr Veilchen; ein paar für ih-
ren Liebsten und die andern für die kranke Mutter, die mit bleichen
Händen oben im Stuhl am Fenster saß. Da duftete das ganze Zim-
mer, und die Augen der alten Frau leuchteten.

Und wollt ihr wissen, wo der Kohl geblieben ist? Den hat die Zie-
ge gefressen, und wenn sie nicht so blitzdumm wäre, könnte sie's
euch selbst erzählen!

Vom verkehrten Peter

In einem Lande, in dem die Scheunen brennen, wenn man sie ansteckt, und die Menschen zornig werden, wenn man sie ärgert, lebte einmal ein Junge, der Peter hieß. Er hatte rote Backen und stramme Beine, unterschied sich also nicht sichtbarlich von allen andern Petern; aber er war verhext. Wer ihn verhext hatte, wußte er nicht, und der Schulmeister, der sonst ein tüchtiger Mann war und das Lineal nicht bloß zum Linienziehen gebrauchte, wußte es auch nicht. Verhext war er aber ganz gewiß; das konnte jedermann bei helligtem Tage sehen, ohne erst die Laternen anzustecken.

Wenn er nämlich so recht von Herzen was sagen wollte, kam das Gegenteil aus ihm heraus, platzte in die erstaunte Welt wie eine Granate in die Kochschüssel und trug dem Peter manchen Puff und manch ärgerliches Dreinschauen ein; manchmal freilich auch eine gute Miene und einen dankbaren Blick, wie es sich gerade traf.

Ich will euch ein paar handliche Beispiele erzählen, damit ihr nicht etwa glaubt, ich wolle hier mit Lügen aufwarten, wie weiland der selige Herr von Münchhausen, oder euch an der Nase herumführen, wie der berühmte Meister Till Eulenspiegel gern tat. Das sollt ihr nicht glauben, also hört!

Als unser Peter noch ein kleiner Hosenmatz war, so ein schmächtiges Kerlchen, das kaum richtig sprechen konnte, kam einst der Landesherr durch seine Vaterstadt, und Peter durfte ihm den Wagenschlag aufmachen. Der Gnädige neigte sich zu dem Jungen, kniff ihn mit der rechten Hand in die Backe, langte mit Daumen und Zeigefinger der Linken in die Westentasche und fragte ihn leutselig: »Bist auch immer fein manierlich und brav?« »Nö,« sagte der Peter und wurde puterrot, »ich bin der Ruppigst' in der ganzen Stadt, fragt nur den Vater;« und damit machte er kehrt und lief davon wie ein aus dem Kohl gejagter Hase. Den silbernen Henkeltaler bekam nun der Pfarrergustav, und Peter stand am Ententeich, machte eine Faust und spuckte vor Wut immer ins Wasser.

Gab ihm seine Mutter einen Apfel, so biß er herzhaft hinein, denn im Garten wuchsen gute Sorten, und der Peter war ein Feinschmecker, der lieber einen Grafensteiner aß, als hungrig zu Bett ging. Wurde er aber gefragt: »Peter, magst einen Apfel?« so sagte der

Junge gewißlich »nö, mag keinen« und sah hernach mit langem Gesicht zu, wie Schwester Grete hintereinander zwei Äpfel aß, denn sie bekam dann seinen dazu.

Einmal hatte er etwas Ernstliches ausgefressen, und eine Tracht Prügel stand in bedrohlicher Nähe. Herzlich gern hätte er dem Vater abgebeten und dadurch vielleicht den Stock in der Schrankecke festgehalten; statt dessen sagte er: »Schlag man zu, Vater, es kann gar nicht toll genug kommen;« – und nun bekam er die doppelte Ladung.

Solche Streiche spielte dem Peter sein verhextes Maulwerk noch oft; – ich denke aber, ich habe euch nun genug Beispiele erzählt, sonst komme ich vor lauter Beispielen nicht zu meiner Geschichte, und das wäre doch schade.

Ja, als der Peter merkte, daß es mit dem Bösen in ihm nicht besser wurde, trotzdem er nun schon ein großer Junge war und lange Hosen trug, beschloß er, in die Welt zu gehn und sein dummes Mundwerk kurieren zu lassen. Vielleicht gab es irgendwo einen Doktor, der ihn für gute Worte oder andere Dienste davon erlösen konnte. Vielleicht machte er auch sonstwie sein Glück, man konnte ja nicht wissen. Aber recht stattlich wollte er in die Fremde ziehn; darum schloß er seine Patenbüchse auf und kaufte sich eine goldbraune Sammetjacke mit gelben Troddeln dran und eine dazu passende Mütze. Dann lieh er sich beim Posthalter einen leibhaftigen Schimmel mit einer grünen Schabracke, steckte seine Mundharmonika in die Tasche und ritt stolz vor seines Vaters Haus, um Abschied zu nehmen.

Die Mutter weinte vor Rührung und Wohlgefallen in den rechten, und Grete in den linken Schürzenzipfel, als sie ihren Peter so stattlich und hoch zu Roß sahen, und der Vater paffte aus seiner Pfeife doppelt soviel Rauchwolken als sonst und sagte: »Jung, laß dir deinen bösen Mund austreiben, sei ein rechter und braver Kerl, sieh aber zu, daß du ein paar Taler ins Hosenfutter nähst, arme Schlucker gibt's schon genug im Lande!« »Hol euch alle der Kuckuck,« sagte der Peter, ihm war aber ganz anders zumute, denn er drehte sich um und schnaubte sich die Nase recht kräftig aus, um die Tränen nicht sehn zu lassen, die ihm über die Backen kluckerten. »Hol euch der Kuckuck!« sagte er und ritt davon.

Es war eine lustige Welt, in die er hineinritt, denn es war Frühling. Alles schien zu lachen; die Sonne, die Wiesen, die Vögel; selbst der Bach plinkerte wie einer, der vor Vergnügen die Augen zukneift.

So kam es, daß Peter auch lachte und den Abschied und die Hexerei über all dem Lachen und Freuen bald vergaß. Er nahm seine Mundharmonika aus der Tasche und blies ein lustiges Stückchen. Das klang so vergnügt, daß die Mäuse aus den Löchern guckten und ihre durchsichtigen Öhrlein spitzten. Sogar die mürrischen Maulwürfe steckten die Nase aus der Erde und vergaßen für eine Weile die fetten Engerlinge, die sie gern zum Frühstück essen wollten. Mücken und Fliegen tanzten zu seiner Musik, und der Wind pfiff die zweite Stimme dazu; wie gesagt, es war eine lustige Reise!

Als er an ein junges Saatfeld kam, wollte er seinem Pferde eine Freude machen, stieg ab und ließ es grasen. Er selbst ging pfeifend und mit den Händen in den Hosentaschen dem nahen Walde zu. Da hatte er einen gar merkwürdigen Anblick. Ein Subjekt saß auf einem umgefallenen Baum, winselte und stöhnte und hielt sich seinen magren Bauch. Das Subjekt hatte Pferdefüße und Hörner; da wußte der Peter gleich aus seinen Büchern, daß es der Teufel sei. Das Fürchten war aber seine Sache nicht, und so ging er grade auf den Teufel los. Mach, daß du fortkommst, Sohn der Hölle, wollte er sagen, sagte aber so ziemlich das Gegenteil, nämlich: » bon jour, lieber Teufel, fehlt dir was, daß du so jammervolle Fratzen schneidest?«

Der Teufel, der an keine Freundlichkeiten dieser Welt gewohnt war, sah ihn überrascht an, faßte aber schnell Zutrauen, denn er gehörte zu den gutmütigen Teufeln, und klagte Peter sein Leid. Er hatte gestern bei der Feuertaufe eines kleinen Teufelsjungen, bei der es hoch hergegangen war, denn die Familie war von altem Adel, siebenundfünfzig Feuersalamander gegessen, die in der Hölle als größte Delikatesse gelten. Sie waren in der Hexenküche vorzüglich zubereitet und mit gespickten Regenwürmern und Schlangensalat köstlich angerichtet worden. Es war aber des Guten zuviel gewesen, er hatte schreckliches Bauchweh und einen höllischen Durst davon bekommen. Da war er auf die Erde gestiegen, um Wasser zu trinken, was in der Hölle ein rares Ding ist, konnte aber vor Schmerzen nicht weiter und bat Peter flehentlich um Hilfe.

Dem wackelte das Herz ein paar Augenblicke hin und her; er dachte, was wohl der Herr Pfarrer dazu sagen würde, und ob Christenpflicht auch dem Teufel gegenüber am Platze sei; aber schließlich lief er doch an die Satteltasche, in der er ein Fläschchen mit Trinkwasser aufbewahrte, und brachte dem höllischen Patienten auch noch von den guten Baldriantropfen, die das Mütterchen für alle Fälle hineingesteckt hatte.

Der Teufel schleckte wie eine halbverhungerte Katze, der man Milch gibt und war bald gesund, denn er besaß eine gute Natur; wie denn die Teufel überhaupt leider eine zähe und lebendige Art haben. Er reckte sich vor Behagen, strich Fell und Schwanz zurecht und schenkte dem Peter eine von seinen Hahnenfedern. Er sollte sie gut aufheben, sagte er, damit könne man die wunderbarlichsten Dinge schreiben, ohne sich lange anzustrengen; Dinge, die man gar nicht verstünde, die aber hochgelehrt wären; Dinge von großer Wichtigkeit, die die Armen reich, die Reichen arm, die Dummen klug und die Klugen dumm machen könnten. Man müßte aber beim Schreiben stets die linke Hand gebrauchen; mit der rechten könne man mit dieser Feder immer nur seine eigenen Sünden aufschreiben, man möge wollen oder nicht.

Der Peter spitzte die Ohren und wollte gern alles noch genauer erfahren, aber der Teufel schien es eilig zu haben; er machte nach dieser Rede einen Kratzfuß, fuhr ab und ließ den verdutzten Peter stehn, der fast ein Loch in den Erdboden stierte, als er den seltsamen Gesellen so im Handumdrehen verschwinden sah. Er hätte gar zu gern noch einiges Interessante aus dem Teufel herausgekriegt, wie es z. B. in der Hölle aussehe, ob die bösen Menschen da wirklich in den Kesseln schmorten und an den Spießen brieten, ob die Hexen wirklich auf Ofenzangen spazieren ritten und was dergleichen erbauliche Dinge, die er aus seinen Büchern wußte, mehr waren.

Aber der Teufel war einmal weg, und Peter mußte sich mit der bunten Feder begnügen, die er neugierig von allen Seiten besah, ohne etwas Besonderes an ihr zu entdecken. Schließlich steckte er sie an seine Mütze, wo sie sich ganz manierlich und vorteilhaft ausnahm. So geschmückt ging er zu dem Schimmel zurück, schwang sich hinauf und setzte seine Reise fort.

Eine Weile noch überdachte er sein Abenteuer. Man darf doch wirklich keinen Berichten Glauben schenken, sprach er zu sich; treffe ich da einen leibhaftigen Teufel, und ist der Kerl so wohlerzogen wie unsereins auch; mancher Tropf könnte noch von ihm lernen. Es ist schade, daß die Bekanntschaft von so kurzer Dauer war.

Bei solchen Gedanken hatte er seine Mundharmonika wieder herausgelangt und blies ein Reiterstückchen. Alle Vögel ringsherum freuten sich, setzten sich auf die Bäume am Wege, schwiegen sein still und hörten zu. Verstand doch der Peter das Blasen aus dem ff, das mußte selbst die alte Amsel einräumen, die sich sonst arg viel auf ihre Kunst einbildete und karg mit Lob war. Der Dompfaff flog dem Peter auf die Mütze, um besser hören und von der neuen Weise profitieren zu können, der Distelfink flog sogar auf seine Hand, weil er sehen wollte, wo die schönen Töne herkämen.

Bloß eine alte Krähe machte Spektakel. Sie setzte sich dem Schimmel auf den Kopf und schrie:»Laß doch das verflixte Gequieke sein, ich bin sowieso schon nervös durch den niederträchtigen Specht, der mit seinem Gehacke so abscheulichen Lärm macht, daß man sein eigen Wort nicht verstehen kann; und nun kommt ihr auch noch, du und dein Gaul, und versalzt einem das bißchen Leben, kra, kra, macht euch fort, macht euch fort!«

So schimpfte das kratzbürstige Tier und hackte immerfort auf den Schimmel ein, daß selbst dieses gutmütige Vieh die Geduld verlor und hinten auszuschlagen begann. Peter ärgerte sich über die häßliche Krähmadame, wollte sie recht abkanzeln und ihr sagen, sie solle sich gefälligst nach Posemuckel auf den Altweibermarkt scheren oder ihren ungewaschenen Schnabel halten; statt dessen klappte er seine Pfeife zusammen, steckte sie lachend ein und meinte, wenn es der Gnädigen so schrecklich sei, die Mundharmonika blasen zu hören, wolle er mit Freuden auf sein Spiel verzichten. Danach kniff ihn der Schalk, und er bat mit einem tiefen Bückling die Krähe um ein Lied aus ihrer geschätzten Kehle. Das ließ sich Madame Eitelkeit nicht zweimal sagen, plusterte sich auf, und bald trieb ihr durchdringender Gesang alle Vögel in die Flucht. Peter aber klatschte in die Hände, trotzdem ihm die Ohren gellten, und rief: »Bravo, bravo!«

Das gefiel der kleinen, schwarzen Dame, sie krächzte zufrieden, flog zu Neste und brachte dem Schelm einen weißen Stein. »Hebe ihn gut auf,« sagte sie, »ich habe ihn dem König von Persien gestohlen, er ist aus seiner Schatzkammer und der größte von allen Steinen, die da waren.«

Damit grüßte sie huldvoll und flog fort, ohne den Dank abzuwarten. Peter besah sich das Geschenk von allen Seiten. Es war ein Stein, wie viele andere Steine auch; aber da er hübsch glänzte, steckte er ihn in die Tasche, pfiff vergnüglich vor sich hin und ritt weiter. Wieder dachte er über sein Erlebnis nach. Die Vögel sind doch akkurat wie die Menschen; den einen freut, was den andern reut; und die Krähe hält ihr Lied für den schönsten Gesang weit und breit, grade wie die Dichter, die ihre eignen Verse auch am allerliebsten hören.

Wie er noch so dachte, kam ein junger Herr des Weges. Der zog höflich sein Barett und fing mit Peter eine Unterhaltung an. Er sagte, er sei schon sieben Stunden unterwegs und recht müde, und ob Peter ihn nicht ein Stück weit hinten aufsitzen lassen möchte. Peter wollte sagen, daß sein Gaul zu schwach sei, zwei solche stramme Kerle zu tragen, statt dessen sagte er: »Sitzt nur auf, Junker, es wird schon gehn, wenn auch nicht grade im Galopp.« Und als er sah, daß es dem Schimmel in der Tat zuviel wurde, stieg er ab und nahm die Zügel in die Hand. Er müsse sich auch mal die Füße vertreten, sagte er zu dem Junker.

Der Fremde schwatzte unterdessen von diesem und jenem und fragte schließlich Peter, ob er ihm ein hübsches Reiterstückchen vormachen dürfe. Bereitwillig überließ ihm Peter die Zügel, und der junge Herr ritt davon, so schnell er konnte und rief zurück: »Das war mein Reiterstückchen!« Haltet den Dieb, haltet den Dieb, wollte der bestürzte Peter da rufen, denn es waren Holzknechte genug in der Nähe; dagegen schrie er aus Leibeskräften: »Laßt ihn laufen, laßt ihn nur laufen!« und für sich selber setzte er hinzu: »Warum bin ich so dumm, warum bin ich so dumm,« und damit ging er zu Fuß in des Königs Hauptstadt.

Dort gab es eine wunderschöne Prinzessin. Sie war so schön, daß der Mond vor Vergnügen ganz rot wurde, wenn er in ihr Schlafzimmer scheinen durfte; und der vornehme Pfau jedesmal ein Rad schlug und sich vor lauter Liebe immer um sich selber drehte, wenn die Prinzessin über den Schloßhof ging. Ja, so sehr schön war die Prinzessin, aber sie war auch verhext. Wer sie verhext hatte, wußte sie nicht, und der weise Sterndeuter ihres Vaters konnte es auch nicht herausfinden. Verhext war sie aber, daran war nicht zu zweifeln. Sie tat nämlich immer das Gegenteil von dem, was man von ihr wollte, und das ist gewiß eine üble Sache. Schon in der Wiege war diese Hexerei zu merken. Brachte man ihr die Milchflasche und sagte: trink, Prinzeßchen, so schlug sie mit den kleinen Fäusten danach und wollte sie nicht nehmen; sagte man aber: du brauchst nicht trinken, Prinzeßchen, da wollte sie durchaus die Milchflasche haben. Wenn später die Gouvernante kam und von Arbeiten sprach, ließ sie Papierschnitzel fliegen oder sang: »Lott ist tot«, und wenn die würdige Dame den Wunsch aussprach, mit ihr spazieren zu fahren, wie es höfischer Brauch sei, nahm sie ihre spanische Grammatik vor oder griff nach ihrer Mandoline. Bekam der König Besuch und wollte seine Tochter recht hübsch angezogen den Gästen vorstellen, tänzelte sie gewiß in ihrem grauen Turnkittel herein und wollte sich vor Lachen ausschütten, wenn sie verlegne Gesichter und gerunzelte Stirnen zu sehn bekam. Ja, es war eine ganz verhexte Prinzessin.

So recht böse konnte ihr aber keiner sein, denn sie hatte gar klare blaue Schelmenaugen, und ihr Lachen klang noch lieblicher als Amselschlag. Man hatte eines Tages davon gesprochen, sie wegen ihrer Hexerei in ein Kloster zu bringen; vielleicht würden die frommen Nonnen sie durch Fasten und Gebet erlösen. Kaum kam ihr das aber zu Ohren, so erklärte sie, sie wünsche sich weiter nichts zu Weihnachten als einen Mann.

Dann, meinte sie, würde sie die Gouvernante loswerden und vielleicht kleine Kinder bekommen, mit denen sie Haschen spielen könnte; Haschen wäre ihr liebstes Spiel. Ja, sie wollte sich verheiraten, das müßte allerliebst sein; und sie befahl ihrem Bruder, dem Kronprinzen, ihr einen Mann zu besorgen. »Hübsch und lustig muß er aber sein,« rief sie ihm noch nach, »und auch ein bißchen verhext, sonst kann ich ihn nicht gebrauchen.«

Niemand konnte der Prinzessin etwas abschlagen, und so beschloß der Kronprinz, für seine Schwester einen Gatten ausfindig zu machen. Vielleicht würde der sie von ihrer Hexerei erlösen. Er sollte aber der klügste, der beste und der reichste Mann im ganzen Königreiche sein, und der war schwer zu finden.

An dem Tage nun, an dem Peter in die Welt gezogen war, um sein Maulwerk kurieren zu lassen, ging der Königssohn zu dem gelehrten und witzigen Sterndeuter, von dem schon die Rede war, und fragte ihn in dieser schwierigen Angelegenheit um Rat. Der weise Mann legte sein großes Fernrohr zurecht und betrachtete aufmerksam die Sterne. Dann holte er ein altes, dickes Buch hervor und studierte so eifrig darin, daß er sich mehrere Male den Schweiß von der Stirne wischen mußte. »Eine schwierige Sache,« murmelte er, »eine schwierige Sache.« Endlich schien er gefunden zu haben, was er brauchte, wandte sich feierlich an den Prinzen und befahl ihm, auf die Landstraße hinauszuwandern, die gen Osten führe, bald würde er einen stattlichen Reiter treffen, dem er durch List sein Pferd unter dem Leibe stehlen müsse, ja, das müsse er tun, wenn er auch ein Prinz wäre und ihm das Stehlen nicht geläufig sei. Und der Sterndeuter gab dem Königssohn genaue Weisung, wie cr das bewerkstelligen könne. Gelänge es ihm, so hätte er den rechten Mann für die Prinzessin gefunden. Der Prinz dankte und versprach, alles ganz genau auszuführen. So war es geschehen, daß dem Peter sein Pferd abhanden gekommen war, denn der Junker war niemand anders als der Königssohn gewesen.

Indessen kam Peter in die Stadt, wo an allen Ecken angeschlagen war, daß man den Herrn zu einem Schimmel mit grüner Schabracke suche, der im königlichen Stall untergebracht sei.

Peter war erstaunt, da ihn aber innerlich etwas dazu anstieß, ging er hin und fand richtig seinen Gaul, der behaglich über einem gutgefüllten Hafertrog kaute. Er mußte warten, bis der Prinz mit allen Räten kam. Sie setzten die Augengläser auf und betrachteten Peter von oben bis unten; der wußte gar nicht, was er davon denken sollte. Der Prinz legte den Zeigefinger an die Nase und sagte: »Hübsch und gut bist du schon, das muß ich sagen, bist du aber auch reich und klug? Das mußt du mir sagen.«

Peter begriff von alledem nichts, wollte aber bescheiden erzählen, daß er bei Lehrer Schulz in der Bürgerschule außer Lesen und Schreiben nur das Einmaleins und ein paar Bibelsprüche gelernt hätte und weiter nichts besäße als seinen goldbraunen Samtrock und die Mundharmonika; sein Mund aber sprudelte: »Ei, ich will euch beweisen, daß ich klug bin, wie weiland König Salomo und reich wie die Königin von Saba, stellt mir nur eine Aufgabe!«

Der Prinz besann sich einen Augenblick, putzte sich mit seinem gelbseidnen Taschentuch die Nase, damit er besser denken könne, und sprach: »Nun gut, schreibt mir einen Brief über den Grund aller Dinge und schickt mir ein Geschenk, mit dem ich Staat machen kann.« Damit ging er stolz aus dem Pferdestalle und alle Räte mit erhobenem Haupt hinter ihm her. Peter guckte ihnen verwundert nach, schüttelte den Kopf und trabte mit einem wehmütigen Blick auf seinen Gaul nach der Herberge zurück. Er wußte ja nichts von der Prinzessin und glaubte, er müsse sich seinen Schimmel mit Brief und Geschenk einlösen.

Er nahm einen großen Briefbogen und die Feder, die ihm der Teufel geschenkt hatte, in die linke Hand. Die Feder juckte ihm ordentlich in den Fingern, als ob sie gar nicht erwarten konnte, in das Tintenfaß zu kommen; und als er sie eingetaucht hatte, glitt sie so schnell über das Papier, daß Peter kaum nachkommen konnte, und schrieb und schrieb, daß ihm das Erstaunen aus dem offnen Munde und den großen Augen sah.

Nun werdet ihr vielleicht denken, ich flunkerte euch was vor und wüßte von dem Briefe nicht mehr als das Rebhuhn von dem Sauerkraut, in dem es später gegessen wird. Darum will ich euch lieber den Anfang verraten, denn den ganzen Brief hierherzusetzen, erforderte zuviel Zeit; auch würde er am Ende Wirrnis in euren Köpfen anrichten durch seine allzugroße Gelehrsamkeit. Also der Brief begann:

»Weiser, der Du den Grund der Dinge suchest, höre. Wenn der Grund aller Dinge unsrer Dinge Grund wäre, hätten wir keinen Grund, den Grund der Dinge zu ergründen; denn wir haben Grund zu begründen, daß der Grund aller Dinge keinen Grund habe und es für uns grundlos ist, den Dingen auf den Grund zu wollen.«

So lautete der erste Satz des gelehrten Briefes, den Peter mit der Teufelsfeder schrieb, und ihr werdet mir glauben, daß der übrige Teil diesen Anfang noch an Gelehrsamkeit übertraf.

Der Peter war höchlichst erstaunt! Das war ja noch schöner geschrieben, als es der Pfarrergustav konnte; und wenn er sich's vorlas, klang es wie gedruckt! Das war wirklich eine Teufelsfeder! Er packte schnell den Brief in ein Kästchen, und da er nicht anderes besaß und sich von der Mundharmonika nicht trennen mochte, legte er den weißen Stein von der Krähe mit hinein. Das war aber ein großer Diamant und war ein halbes Königreich wert und noch fünfzehn Morgen Weizenlandes dazu.

Als er auf das Schloß kam und dem Prinzen seine Gaben brachte, las dieser den Brief einmal und noch einmal und immer wieder, bis er ihn ganz verstanden hatte. Er war begeistert von soviel Klugheit und befahl, diesen gelehrten Brief in alle Schulbücher des Landes abzudrucken, damit die Kinder noch klüger würden, als sie ohnehin schon waren, denn ich will euch verraten, daß in jenem Lande die Kinder im zweiten Jahre schon wußten, daß Confucius ein großer Chinese gewesen war, und daß sie die Schulbücher des Nachts nur unter das Kopfkissen legen brauchten, um am nächsten Tage alles wie am Schnürchen zu wissen.

Also der Prinz war sehr erbaut von der Weisheit seines künftigen Schwagers und bewunderte mit Kennermiene den großen Diamanten, bei dessen Anblick er vor Aufregung seine goldene Puderdose immer auf- und zuklappte.

Er ließ sofort seine Schwester kommen und stellte ihr den künftigen Gatten vor. Die Prinzessin sah sehr niedlich aus, und ihre Schelmenaugen lachten Peter fröhlich an, so daß ihm ganz warm ums Herz wurde. Ja, die Prinzessin gefiel ihm ausnehmend gut, und er wollte es auch sagen; statt dessen fuhr ihm heraus: »Ach was, ich will keine Frau, und dies geputzte Fräulein, das nur mit dem Fächer wedeln kann, erst recht nicht.« Damit ging er schnurstracks zur Tür hinaus.

Die adligen Leute, die im Saal umherstanden, wollten ihm nach und ihn umbringen; die Prinzessin sagte aber, den dürft ihr nicht anrühren, den will ich selbst für seine Sünden strafen. In ihrem Herzen dachte sie aber ganz anders, wie ihr gleich sehen werdet.

Peters Benehmen hatte natürlich Wasser auf ihre Mühle gegossen; der sollte schon kirre werden; wenn er sie nicht haben wollte, sollte er sie erst recht bekommen, wofür war sie denn Prinzessin? Und außerdem hatten ihre hellen Augen dem Peter ins Herz gesehen und da seine Hexerei entdeckt.

In der Nacht, als alles schlief, zog sie ein altes schwarzes Kleid an, setzte sich eine große Perücke auf, machte sich mit Willen recht alt und häßlich und ging in die Herberge, wo der dumme Peter sich abhärmte, daß er die schöne Prinzessin verschmäht hatte. Er saß ganz trübsinnig und löffelte in seiner Erbssuppe herum, die ihm gar nicht schmecken wollte. Da klopfte es, und herein kam ein altes, häßliches Weiblein. Raus! wollte der Peter schreien, aber er sagte: »Komm, Mütterchen, setz' dich her, und wenn du Hunger hast, kannst du meine Erbssuppe ausessen.«

Das tat die Prinzessin aber nicht, sondern faßte ihn zärtlich um den Hals und fragte ihn, ob er sie nicht zur Frau nehmen wolle. Dich, alte häßliche Schraube, wollte da Peter rufen, doch sein Mund sprach kleinlaut: »Meinetwegen, ich will dich heiraten; nun ich die schöne Prinzessin doch nicht bekomme, ist mir alles egal.« Da lachte die Prinzessin hell auf, riß sich die Perücke ab, rieb sich die Farbe vom Gesicht und guckte Peter strahlend an. Der machte eine Miene wie die Katz' wenn's donnert und sagte: »Was willst du hier? Geh zurück in deines Vaters Haus.« Aber er meinte es natürlich anders. Die Prinzessin auch, denn sie sagte: »O, mir gefällt's hier sehr gut,« und dabei stand sie mit ihren gelben Locken und den Grübchen in den Backen so verführerisch vor Peter, daß er gar nicht anders konnte und sie abküßte, als wenn er das schon gedurft hätte; eigentlich hätte er doch warten müssen, bis sie seine Frau war.

Das wurde sie freilich bald, und Peter wurde der erste Minister im Staat. Mit seiner Teufelsfeder hatte er gut regieren; denn damit konnte er alle Räte und Beamten zwingen, ihre Sünden aufzuschreiben und bekam lauter tugendhafte Leute in die wichtigen Ämter, und das will was heißen!

Mit seiner Frau lebte er sehr glücklich. Als er das erstemal ernstlich etwas verlangte, hatte sie das Gegenteil getan, und das war gerade das Richtige gewesen, so daß die beiden Hexereien ineinander aufgingen wie ein gut aufgegebenes Rechenexempel. Als sie sich aber hernach in die Augen guckten und das begriffen, kam ihnen das Lachen in die Kehle, erst leise und verhalten, dann immer lauter und herzhafter. Sie konnten gar nicht mehr aufhören mit Lachen! Wenn der Peter Atem holte, lachte die Prinzessin allein, und wenn sie sich verschnaufte, lachte Peter weiter. Die Stühle fingen an zu wackeln; der Papagei hakte sich vor Vergnügen mit der Kralle in seinen Ring und lachte mit; die Tauben flogen ins offne Fenster und lachten mit; der kleine Mohr, der das Frühstück bringen wollte, zeigte seine weißen Zähne und lachte mit, und bald dröhnte das ganze Haus von unbändigem Gelächter!

Nun müßt ihr aber wissen: Bei allen Verhexten gilt als oberste Regel, daß sie selbst zu Hexenmeistern werden, wenn sie über sich zu lachen anfangen, und zwar so zu lachen, daß alles um sie her aus ganzer Seele und ohne Falsch mitlachen muß! Das hatten nun Peter und seine Frau, wie ich euch eben erzählt habe, gründlich getan und sind von jenem Tage an ihrer Hexereien und Verkehrtheiten quitt und ledig gewesen! Sie waren nun selbst zu Hexenmeistern geworden und konnten sich ihr Leben wunderschön zurechthexen; und das haben sie auch getan!

Tine Brandhofer und die Rauschegeister

Von Tine Brandhofer soll ich euch erzählen? Nun gut, hört zu, und denkt nachher ein bißchen drüber nach. Also, ich war damals ein kleines Schulmädel und die Tine auch. Keiner mochte sie recht leiden. Sie hatte so altmodisch aufgeputzte Kleider an und dachte sich so viel Geschichten aus, die sie uns in der Schule auftischte.

Einmal war sie eine Viertelstunde lang dicht vor dem Eisenbahnzuge hergelaufen; einmal hatte der Hahn auf dem Kirchturm deutlich die Flügel geschlagen; einmal hatten drei große Heuschrecken in einer Nacht all ihre Weinbeeren abgefressen; und einmal gar wollte sie ihres Onkels Kuh getroffen haben, die ihr gesagt hätte, sie müsse umkehren, der Storch habe ein Brüderchen gebracht.

Sie wußte, daß ihr keiner glaubte und erzählte doch immer wieder solche Dinge. Wenn die andern sie auslachten, blieb sie still. Das Gehänsel mußte schon arg sein, ehe sie zu weinen anfing. Ihr blasses Gesicht wurde dann langsam rot, große Tränen standen in den verwunderten Augen, und plötzlich kam ein Weinen und Schluchzen aus ihr heraus, daß die ganze Klasse mit einem Male still wurde. Mich machte das auch traurig, und ich fing an, ihr gegen die andern zu helfen. Da hatte sie mich bald lieb, und ich wurde ihr auch gut trotz ihrer häßlichen Kleider und ihrer sonderbaren Reden. Bald fand ich auch daran Geschmack und fing an mitzutun. Vor den andern freilich schämte ich mich und kramte meine schönen Dinge bloß vor der Tine aus. Die war eine gläubige Zuhörerin, und aus Dankbarkeit oder aus Freude an unsrer Heimlichkeit fing ich auch an, ihr alles zu glauben, und wir besprachen unsre eingebildeten Erlebnisse mit großer Wichtigkeit.

Draußen bei den Scheunen stand ein alter Backofen. Er wurde nicht mehr benutzt, und Moos und Kletterkraut wuchsen aus den Steinen. Dort saßen wir bei schlechtem Wetter; und wenn der Wind um uns ging und die alten Türen knarrten, rückten wir dicht zusammen und flüsterten uns unsre schönen Geschichten zu. In dem Backofen wohnte natürlich die braune Brothexe. Wenn sie nach Hause käme auf der großen Schürgabel und uns hier fände, würde sie ihr unterirdisches Feuer anmachen und uns backen; dann dürfte sie wieder hundert Jahre leben! Hu, wie wir uns fürchteten; aber wir gingen doch immer wieder hin.

Auch auf dem Obstboden meiner Eltern hatten wir unser Eckchen. Da roch es so schön nach Heu und Äpfeln, und durch die runde Luke konnte man über die Stadt und die Berge sehn. »Ja, und bei den Äpfeln lagen welche, die man nicht essen durfte, sonst wurde man ein Tier« – und ich war so gläubig in Tines Wundersamkeit, daß ich hier oben keinen Apfel essen mochte, den sie nicht aussuchte und mit mir teilte. Nicht wahr? Wir waren ein paar närrische Kinder, aber hört weiter!

In der Nahe, das ist mein Heimatfluß, liegt wohl noch heut der große, alte Stein. Sein flacher Rücken ist mit Moos bewachsen. Man sagt, er sei ein Überbleibsel der alten Brücke, die vor viel hundert Jahren die Römer hier gebaut hatten, und nennt ihn den Römerstein. Auf diesem Stein, eine Viertelstunde vor der Stadt, da, wo die hohen Berge dicht am Wasser stehn, saßen wir beide oft und spielten unsre wunderlichen Spiele. Wir brachten die Schürze voll Blumen mit und warfen sie in den Fluß. »Wenn sie richtig gebunden wären und der Nixe gefielen, würde sie sie herunterziehen und uns was Schönes dafür schenken, oder sie würde uns eins von den Nixenliedern vorsingen, die so herrlich traurig klangen, daß man weinen mußte, wenn man sie zu hören bekam;« und mit heißen Backen sahn wir den schwimmenden Blumen nach. Oder wir warfen Nüsse in die Nahe; »die sollte der arme Wassermann haben, den niemand lieb hatte, und der so gern Nüsse aß.« Immer neue Dinge wußte die Tine und sagte alles so eindringlich und heilig, daß mir oft das Herz schlug, als wäre Weihnachtsabend und die Lichter sollten angesteckt werden.

Bei dem Römerstein war es auch, daß sie mir zum erstenmal von den Rauschegeistern erzählte. Es war im August und das Tal roch nach frischem Heu, als wir die Nahe entlang auf unsern Lieblingsplatz zugingen.

»Du, Tine,« sagte ich, »ich glaube, im Heu stecken die Träume, ich werde immer müde, wenn ich's rieche, und ich fühle, wie's in meiner Nase krabbelt und auf den Augen hockt, das sind doch gewiß die Träume.« »Ja,« sagte die Tine, »im Heu wohnen Träume, aber bloß die kleinen; die großen sind im Himmel und im Wasser, und im Wasser wohnen die schönsten! Gestern habe ich die Rauschegeister gehört, das war aber mal ...«

»Die Rauschegeister?« fragte ich. »Ja, in der Nahe; sie faßten sich an den Händen und tanzten. Sie hatten graue Röckchen aus Mull an, und ganz weiße Locken hatten sie, und sie tanzten so schön! Ein Lied sangen sie auch, das konnte ich aber nicht verstehn, der Wind ging so sehr. Aber das nächstemal muß ich besser hören, ich muß das Zauberlied wissen; denn wenn ich das singen kann, kann ich auch im Wasser leben wie der Wassermann und die Nixen und die kleinen Rauschegeister.«

Mit stillem Eifer hatte ich zugehört. »Darf ich auch mit und das Lied lernen? Nicht wahr, Tine, dann kann man doch nicht mehr ertrinken; ich habe immer so Angst vorm Ertrinken.« Tine schüttelte bedächtig den Kopf, kletterte auf den Römerstein und sah ins Wasser. »Heut kommen sie nicht, es ist alles still, wir müssen warten.« Wir saßen noch eine Weile schweigsam nebeneinander. Zu unserm Blumenspiel hatten wir keine Lust, und früher als sonst gingen wir nach Hause.

Ein paar Tage später trafen wir uns an einem trüben Nachmittag in dem Backofen. Wir flüsterten und hörten dem Regen zu, der leise auf das Dach klopfte. »Er traut sich nicht herein,« sagte mir die Tine ins Ohr. Wir sahen über die Stoppelfelder in den Wald. Zwischen den Bäumen hingen graue Schleiertücher; das sah traurig aus. »Tine,« fragte ich, »hast du die Rauschegeister wieder gesehn?« Tine nickte. »Ja, gestern, an der großen Brücke. Ich guckte über das Geländer; da lachten sie unten und tanzten wie toll um die dicken Pfeiler. Als ich zu ihnen herunterging, sangen sie auch wieder das Lied, den Anfang hab ich verstanden, es war so sonderbar:

> Aus heißem See
> über Sterne und Schnee
> rauschen die Schäume,
> lauschen die Träume.

Dann waren sie weg und es wurde dunkel. Morgen geh ich wieder hin zum Römerstein; ich will das Ende wissen, das Ende von dem Liede!«

»Tine,« sagte ich, »ich komme mit.« Und wir faßten uns bei den Händen und saßen noch eine Weile still. Wir zählten die Tropfen, die langsam, tipp – tipp – auf einen Topfscherben aufschlugen. »Ob er davon wohl kaput ging?« Zuletzt fror uns; wir nahmen die Röcke über den Kopf und liefen nach Hause.

Unterwegs wiederholte ich den Vers, den die Rauschegeister gesungen hatten:

> Aus heißem See
> über Sterne und Schnee
> rauschen die Schäume,
> lauschen die Träume,

und schlief auch damit ein.

Als ich am andern Morgen aufstand und aus dem Fenster sah, lag ein dunkles Tuch über den Bergen, und die Sonne schien gestorben.

Trotzdem kam Tine um zehn Uhr, mich abholen.

Wir stahlen uns heimlich davon, denn meine Mutter hätte uns sicher in dem Wetter keinen Spaziergang erlaubt. Mein Herz klopfte sehr; Tine war wie immer ruhig und ohne Eile. Unterwegs fing es an zu regnen, leise und durchdringend. Ich war schon klug genug, um zu wissen, daß ein solcher Regen nicht bald aufhört, ging aber trotzdem mit bis an den Römerstein.

Die Nahe war schon so hoch, daß wir nicht mehr wie sonst über die kleineren Steine zum großen gelangen konnten; sie standen tief unter Wasser. Tine überlegte nicht lange. In der Nähe hatte ihr Onkel eine Gärtnerei. Sie wußte da Bescheid, und wir holten ein Brett von den Treibhauskästen. Niemand hatte uns gesehn, und wir waren nach zwanzig Minuten wieder zurück. Die kleine Brücke war schnell fertig. Wir kletterten still auf unsern Stein. Der war heut naß und glibberig und unten ganz schwarz. Wir mußten die Füße unter den Leib ziehen, so hoch schäumten die Wellen. »Jetzt darfst du aber nicht sprechen,« sagte Tine und lehnte sich weit über den Stein vor, daß ihre braunen Zöpfe ins Wasser tauchten.

Ich zitterte vor Angst und Aufregung. Ich sah in das wilde, schwarze Wasser, das so furchtbaren Lärm um uns machte, in die dunklen Berge, von denen immer noch mehr Wasser floß – da kam's mir in den Hals – »nach Hause, nach Hause,« schluchzte ich und faltete krampfhaft die Hände. Tine sah auf. »Geh, ich brauch dich nicht.« Und als ich noch ärger heulte: »Geh nur, ich sag dir nachher das Ende von dem Liede.« »Tine,« bat ich, »komm mit, ich fürchte mich so, wenn du hier bleibst. Sieh bloß, die Nahe wird immer breiter.« »Geh, ich komme gleich nach,« sagte sie rasch, und ich ging. Ich stolperte über das Brett ans Ufer und atmete erst auf, als ich drüben war. Ich wagte sie nicht mehr zu bitten, sah aber angstvoll nach meiner Freundin, die unbeweglich, vornübergebeugt, auf dem Steine lag. Auf das Brett achtete ich nicht, bis ich plötzlich mit einem Schreck sah, daß es nicht mehr da war, und daß es die Wellen mit fortgerissen hatten.

»Tine,« schrie ich, »das Brett, das Brett.« »Hol ein andres,« rief sie laut und ruhig, und ich rannte zur Gärtnerei so gut es ging, denn meine Knie zitterten und meine Zähne schlugen aufeinander. Man konnte mich erst gar nicht verstehen, so schluchzte und stotterte ich, bis sie sich endlich aus Tine und Römerstein was zusammenreimten. Ihr Onkel und ein Arbeiter nahmen die Obstleiter und einen Strick und folgten mir. Wir kamen fast zu spät; sie war von dem Stein heruntergeglitten und hielt sich mit beiden Händen am Weidengebüsch fest. Ihr Onkel legte sich den Strick um den Leib, der Knecht mußte das Ende davon festhalten; so watete und schwamm er zu ihr hinüber und brachte sie ans Land.

Sie lag mehrere Stunden bewußtlos. Als sie aufwachte und mich neben ihrer weinenden Mutter sah, lächelte sie mir zu. »Siehst du, ich bin nicht ertrunken!« Dann schmiegte sie sich an ihre Mutter und sang leise und ingründig:

> »Aus heißem See
> über Sterne und Schnee
> rauschen die Schäume,
> lauschen die Träume,
> Himmel hinan, Himmel hinab
> in das Leben bringende, singende Grab.«

Acht Tage später haben wir sie doch begraben müssen. Ein schweres Fieber hatte ihrem sonderbaren Kinderleben ein Ende gemacht.

Das Lied, das ihr die kleinen Rauschegeister gesungen haben, habe ich noch lange Jahre nicht begriffen; vergessen aber hab ich's auch nicht können, weder das Lied noch die Tine Brandhofer.

Weihnachten in der Speisekammer

Unter der Türschwelle war ein kleines Loch. Dahinter saß die Maus Kiek und wartete.

Sie wartete, bis der Hausherr die Stiefel aus- und die Uhr aufgezogen hatte; sie wartete, bis die Mutter ihr Schlüsselkörbchen auf den Nachttisch gestellt und die schlafenden Kinder noch einmal zugedeckt hatte; sie wartete auch noch, als alles dunkel war und tiefe Stille im Hause herrschte. Dann ging sie.

Bald wurde es in der Speisekammer lebendig. Kiek hatte die ganze Mäusefamilie benachrichtigt. Da kam Miek die Mäusemutter mit den fünf Kleinen, und Onkel Grisegrau und Tante Fellchen stellten sich auch ein.

»Frauchen, hier ist etwas Weiches, Süßes,« sagte Kiek leise vom obersten Brett herunter zu Miek, »das ist etwas für die Kinder,« und er teilte von den Mohnpielen aus. »Komm hierher, Grisegrau,« piepste Fellchen, und guckte hinter der Mehltonne vor, »hier gibt's Gänsebraten, vorzüglich, sag ich dir, die reine Hafermast; wie Nuß knuspert sich's.« Grisegrau aber saß in der neuen Kiste in der Ecke, knabberte am Pfefferkuchen und ließ sich nicht stören. Die Mäusekinder balgten sich im Sandkasten und kriegten Mohnpielen. »Papa,« sagte das größte, »meine Zähne sind schon scharf genug, ich möchte lieber knabbern, knabbern hört sich so hübsch an.« »Ja, ja, wir wollen auch lieber knabbern,« sagten alle Mäusekinder, »Mohnpielen sind uns zu matschig,« und bald hörte man sie am Gänsebraten und am Pfefferkuchen. »Verderbt euch nicht den Magen,« rief Fellchen, die Angst hatte, selber nicht genug zu kriegen, »an einem verdorbenen Magen kann man sterben.« Die kleinen Mäuse sahen ihre Tante erschrocken an; sterben wollten sie ganz und gar nicht, das mußte schrecklich sein. Vater Kiek beruhigte sie und erzählte ihnen von Gottlieb und Lenchen, die drinnen in ihren Betten lägen und ein hölzernes Pferdchen und eine Puppe im Arm hätten; und daß in der großen Stube ein mächtiger Baum stände mit Lichtern und buntem Flimmerstaat, und daß es in der ganzen Wohnung herrlich nach frischem Kuchen röche, der aber im Glasschrank stände, und an den man nicht heran könnte. »Ach,« sagte Fellchen, »erzähle nicht so viel, laß die Kinder lieber essen.« Die aber lachten die Tante mit dem dicken Bauch aus und wollten noch viel mehr wissen, mehr als der gute Kiek selbst wußte. Zuletzt bestanden sie darauf, auch einen Weihnachtsbaum zu haben, und die zärtlichen Mäuseeltern liefen wirklich in die Küche und zerrten einen Ast herbei, der von dem großen Tannenbaum abgeschnitten war. Das gab einen Hauptspaß. Die Mäusekinder quiekten vor Entzücken und fingen an, an dem grünen Tannenholz zu knabbern; das schmeckte aber abscheulich nach Terpentin, und sie ließen es sein und kletterten lieber in dem Ast umher. Schließlich machten sie die ganze Speisekammer zu ihrem Spielplatz. Sie huschten hierhin und dorthin, machten Männchen, lugten neugierig über die Bretter in alle Winkel hinein, und spielten Versteck hinter den Gemüsebüchsen und Einmachetöpfen; was sollten sie auch mit dem dummen Weihnachtsbaum, an dem es nichts zu essen gab! Als aber das kleinste ins Pflaumenmus gefallen war und von Mama Miek und Onkel Gr isegrau abgeleckt werden mußte, wurde ihnen das Umhertollen untersagt, und sie mußten wieder artig am Pfefferkuchen knabbern.

Am andern Morgen fand die alte Köchin kopfschüttelnd den Tannenast in der Speisekammer und viele Krümel und noch etwas, was nicht gerade in die Speisekammer gehört, ihr werdet euch schon denken können was! Als Gottlieb und Lenchen in die Küche kamen, um der alten Marie guten Morgen zu wünschen, zeigte sie ihnen die Bescherung und meinte: »Die haben auch tüchtig Weihnachten gefeiert.« Die Kinder aber tuschelten und lachten und holten einen Blumentopf. Sie pflanzten den Ast hinein und bekränzten ihn mit Zuckerwerk, aufgeknackten Nüssen, Honigkuchen und Speckstückchen. Die alte Marie brummte; da aber die Mutter lachend zuguckte, mußte sie schon klein beigeben. Sie stellte alles andre sicher und ließ den kleinen Naschtieren nur ihren Weihnachtsbaum.

Die Kinder aber jubelten, als sie am zweiten Feiertage den Mäusebaum geplündert vorfanden und hätten gar zu gern auch ein Dankeschön von dem kleinen Volke gehört.

Das aber lag unter der Diele und verdaute. »Den guten Speck vergeß ich mein Leblang nicht,« sagte Fellchen, und Grisegrau biß eine mitgebrachte Haselnuß entzwei; Kiek und Miek aber waren besorgt um ihre Kleinen, die hatten zuviel Pfefferkuchen gegessen, und ihr wißt, liebe Kinder, das tut nicht gut!

Die Krähen

Bei den Krähen war große Versammlung angesagt. Ein Bote des Ältestenrates hatte alle erwachsenen Krähen auf die Schloßwiese eingeladen. Der einsame, verfallene Schuppen sollte der Treffplatz sein.

Der Winter war überaus kalt; dicker Schnee bedeckte die Erde; es war eine schwere Zeit für alles Lebendige und für die Vögel besonders.

Deshalb hatte der Ältestenrat die Versammlung angesagt. Zur festgesetzten Zeit erschienen sie in großen Schwärmen; Hunger und Langeweile, Not und Neugier hatten sie hergetrieben. Da gab es graue und schwarze Krähen, plumpe und zierliche, junge Gelbschnäbel und erfahrene Urgroßväter. Alle ließen sich erwartungsvoll um den alten Schuppen nieder.

Eine dickköpfige weise Krähe meldete sich zum Wort. »Meine geliebten Freunde,« krächzte sie, »ihr kennt die Not, die uns hier zusammenführt. Wir können unser tägliches Brot in dieser schweren Zeit nicht mehr finden, und schon mancher ist Hungers gestorben in unsern Feldern. Viele sind so matt, daß sie kaum noch fliegen können. Daran ist vor allem der Schnee schuld, diese Himmelsplage, die keinen Zweck weiter hat, als uns Krähen das Leben zu erschweren. Wenn er nicht wäre, könnte man immer noch das Nötigste finden.«

»In langen schlaflosen Nächten habe ich mir das klar gemacht und beschlossen, euch folgenden Vorschlag zu unterbreiten. Wir müssen den Schnee fortschaffen und das Land freilegen; alle müssen an dem Rettungswerk mitarbeiten. Seid ihr damit einverstanden?« »Ja, ja,« rief das Volk mit hoffnungsvollem Gekrächz, nur eine Einzelstimme fragte: »Aber wie?«

»Das werdet ihr gleich hören,« sagte die weise Krähe, und während sie ihren Schnabel putzte und sich aufplusterte, fuhr sie mit gewichtiger Miene fort: »Es ist keine leichte Arbeit, die ich euch zumute, es gilt nämlich, den Schnee fortzutragen. Jeder nimmt auf Rücken und Flügel soviel er vermag, und so tragen wir ihn auf einen Berg zusammen, bis das Land frei ist.«

Einige Alte schüttelten bei diesem Vorschlage bedenklich die Köpfe; aber die Mehrheit jubelte der Rednerin zu, und am nächsten Tage begann das große Werk.

Die Krähen waren fleißig wie noch nie, fast über ihre Kräfte, und doch war nach acht Tagen erst eine einzige Ackerfurche freigelegt. Und was sie da an Nahrung fanden, reichte kaum für zehn hungrige Schnäbel. Da ermüdeten schon viele und ließen ihre Genossen im Stich; und nach abermals acht Tagen war kein Arbeiter mehr zur Stelle.

Der Schnee fiel wieder in dichten Flocken, als sich die Krähen aufs neue versammelten. Diesmal waren sie noch bekümmerter, und ein lautes Krächzen und Schreien verriet ihre Erregung.

Eine vornehme Krähe schrie, man solle die Spatzen zwingen, Brot herbeizuschaffen, die hätten List und Frechheit genug, die Menschen zu bestehlen. Aber der Antrag wurde mit Empörung zurückgewiesen.

Eine junge Krähe schlug vor, es den Schwalben und Störchen nachzumachen und in warme Länder auszuwandern. Aber als man sie nach dem Wege fragte, wußte sie ihn nicht; sie hatte bloß gehört, daß er übers Meer ginge. Da schrien alle: »Nein, nein, lieber hier verhungern, als in die unbekannte Fremde fliegen und noch dazu übers Meer!«

»Fliegt in die Häuser der Menschen,« meinte eine zahme Krähe, »die sind gut und füttern euch; ich brauche mir schon seit Jahren im Winter kein Körnchen mehr zu suchen.« Aber da gab es ein furchtbares Gekrächz: »I, so geh doch, geh doch zu deinen Menschen, laß dir die Flügel beschneiden, mach Grimassen und Kunststücke! Wir andern sind nicht zu Knechten und Narren geboren!« Und die zahme Krähe wurde mit Biß und Hieb fortgejagt.

Nachdem sich die Versammlung wieder beruhigt hatte, sagte eine weitgereiste Krähe mit nachdenklichem Flügelschlagen: »Wir könnten es einmal mit Auftauen versuchen, wie die Menschen es zuweilen machen.«

Da niemand einen bessern Vorschlag hatte, stimmte das Krähenvolk schweigend zu.

Am andern Morgen hockten sich Tausende von Krähen in den frischgefallnen Schnee. Unter den warmen Vogelleibern zeigten sich kleine Wasserlachen. Viele erstarrten bei dieser furchtbaren Arbeit, aber neue Ankömmlinge nahmen ihre Plätze ein. So hofften und harrten sie auf Erfüllung und duldeten alle Mühsal.

Da kam nach ein paar Tagen die Sonne; und was die vielen tausend Seelchen in hundert Jahren nicht fertig gebracht hätten, vermochte die Tochter des Himmels in ein paar Stunden. Der schlimme Schnee zerschmolz zusehends, das Land wurde frei und fruchtbar, und die Vögel hatten vollauf zu essen.

Aber fragt einmal die Krähen: die glauben fest, daß ohne sie die Sonne nichts hätte ausrichten können, ja, daß ihnen der größte Teil der Arbeit zugefallen sei!

Belauscht sie nur einmal auf den Feldern; da könnt ihr hören, wie sie sich ihrer Kraft und Weisheit rühmen!

Die Sonne aber leuchtet und schweigt und läßt dem Krähenvolk seinen Spaß!

Das Glöckchen

Vor vielen hundert Jahren lebte einmal in Deutschland ein frommes Kind, dem seine Mutter ein silbernes Glöckchen zum Spielen gegeben hatte. Das Kind aber ging vor das Haus, warf das Glöckchen in die Luft und rief: »Das soll ein liebes Engelchen haben.« Das Glöckchen kam nicht wieder zur Erde; soviel man auch suchte, es war und blieb fort. Keiner hat erfahren, wohin es gekommen ist; ich aber weiß es und will es euch verraten. Zufällig spielte wirklich ein kleiner Engel unsichtbar in der Luft, und als er die lieben Worte des Kindes hörte, fing er das Glöckchen auf.

Still flog er damit durch den Wald. Die Bäume rauschten und nickten ihm guten Tag zu, die Vögel sangen ihre schönsten Lieder, die blauen Glockenblumen winkten mit den Kelchen; sie hätten gar zu gern mit dem fremden Glöckchen gespielt; der Engel aber flog weiter bis zu einer heimlichen Quelle. Da wohnte die Waldfee, seine kleine Freundin. Als sie das liebliche Läuten hörte, kam sie rasch aus der Grotte, in der sie gebadet hatte, herausgehüpft, faßte den Freund um den Hals und küßte ihn.

»Das ist lieb von dir, daß du mich mal wieder besuchst,« sagte sie, »aber was hast du da für ein feines Glöckchen?«

»Das hat mir ein gutes kleines Menschenkind zugeworfen,« sagte der Engel, »was wollen wir damit tun?«

»Ei, wir wollen es aufhängen, damit es uns recht schön was vorklingt,« lachte die kleine Elfe.

Der Engel nickte still, und seine blauen Augen leuchteten. Er flog in die Höhe und band das Glöckchen mit einem unsichtbaren Faden an den Himmel fest.

Da hängt es tief in den Wald hinab, in dem die kleine Fee zu Hause ist, und immer zu Ostern putzt sie es hübsch blank. Gute Kinder aber hören manchmal in der Luft ein helles Klingen, das aus dem Walde herzukommen scheint; und dann fühlen sie sich wie im Himmel, als ob sie selber Engel wären, und haben die ganze Welt lieb.

Von einem solchen guten Kinde will ich euch erzählen.

Fritz war der Sohn eines armen Dorfschusters. Eines Tages mußte er aus der kleinen Stadt, die nicht weit vom Dorfe lag, ein paar Stiefel abholen und sah dabei in einem Schaufenster eine Schachtel wunderschöne, bunte Zinnsoldaten. Ach, wie herrlich die waren! Gar nicht so gequetscht und dünn, wie die Zinnsoldaten sonst gewöhnlich sind; nein dick und rund wie richtige Soldaten, die auf der Straße marschieren. Fritz hätte gar zu gern auch solche Soldaten gehabt. Sein Vater hatte ihm gesagt, er dürfe die Pfennige behalten, die er für Schuh-Austragen geschenkt bekäme, und nun sparte er und sparte.

Endlich, als schon fast ein Jahr herum war, hatte er eine Mark. »Hurrah, nun kauf ich mir Soldaten!« Sein Herz klopfte vor Freude und Erwartung. Der Weg zur Stadt führte durch einen dichten Laubwald; lustig pfiff er vor sich hin und malte sich schon aus, wie schön er mit den schönen dicken Soldaten spielen würde.

Da kam ihm ein andrer Junge entgegen; der trug ein enges hölzernes Bauerchen. Ein graues Vögelchen guckte ängstlich durch das Gitter. »Ach, das ist ja eine Nachtigall!« rief Fritz. »Ja,« rühmte sich der Junge, »die habe ich eben gefangen.« »Ach Gott, das arme Tier, laß es doch wieder fliegen,« bat Fritz, »sieh nur, wie es sich ängstigt.« »So dumm,« meinte der Junge, »dafür gibt mir der Vogelhändler wenigstens eine Mark.«

»Hier,« rief Fritz, »ich habe auch eine Mark, gib mir die Nachtigall.«

»Meinetwegen,« sagte der Junge, sah Fritzen lachend an, nahm die Mark und ging.

Da stand nun unser kleiner Fritz mit seinem Käfig und plötzlich dachte er betrübt an die schönen Soldaten. Aber das Vögelchen sah ihn mit so bittenden Augen an, daß er rasch das Gitter aufmachte. Und als das Tierchen nun aus seinem Gefängnis hochflog und jubelnd zwischen den Bäumen verschwand, da war es unserm kleinen Schusterjungen, als hörte er aus weiter Ferne ein Glöckchen klingen, viel schöner und zarter als andre Glocken; das machte ihn so selig, daß er sich vor Freude gar nicht zu lassen wußte. In großem Bogen warf er den Käfig in den Busch und lief nach Hause.

Noch lange behielt er den hellen Silberglockenklang im Ohr und im Herzen, und das kam ihm tausendmal schöner vor als die dicken, bunten Soldaten, die ja doch in ein paar Wochen entzwei gegangen wären.

Die Waldfee sitzt noch immer an der Quelle und paßt auf; jedesmal, wenn ein Kind recht von Herzen gut gewesen ist, tippt sie an das himmlische Glöckchen. Dann kommt auch der kleine Engel mit den blauen Augen, und sie freuen sich zusammen über das gute Kind.

Hast du es nicht auch schon mal klingen gehört?

Der Stern der Mitte

Ein weiser Mann aus dem Morgenlande hatte nach Jahren mühseliger Arbeit aus den Gesteinen der Erde einen Stern zusammengesetzt, in dem die feinsten Kräfte des Lebens gebannt waren. Was dem Weisen Schönes und Wertvolles begegnet war, hatte er in Kristalle verwandelt und dem Sterne eingefügt.

Als der Wunderstern vollendet war, ließ er auf der Landstraße, die von Mekka nach Medina führt, eine prächtige Schau und Kaufhalle errichten. Hoch oben in der Kuppel befestigte er seinen Stern. Um ihn her liefen goldene Lettern, die in einer fremden Sprache folgenden Spruch trugen:

> Weib oder Mann,
> sieh mich gläubig an,
> dann leuchtet tief,
> was verborgen schlief;
> dann wird zum Kern der Dinge Gestalt,
> dann wird zur Ohnmacht fremde Gewalt,
> dann wird zum Helden das Kind, der Tor,
> dann klimmt ein Mensch zu Gott empor!

Tausende von Wandrern kamen täglich durch die Wunderhalle und bestaunten die Pracht und die Schätze, die der weise Mann darin aufgehäuft hatte. Sie betasteten das künstliche Gitterwerk vor den Schaukästen, die farbenprächtigen Teppiche an den Wänden, die herrlichen Sammlungen der Waffen und edlen Gesteine in den Nischen – jedoch den Stern hoch oben in der Deckenwölbung sah niemand gläubig an. Wohl streifte ab und zu ein halber Blick den hellen Fleck, aber man hielt ihn für wertloses Glas, und niemandes Auge blieb an ihm haften. Immer kehrten die Blicke in die prächtige Halle unten zurück. Da hingen auch zwei große Bilder an den Wänden. Vor diesen Bildern stand die Menge immer dichtgedrängt mit Staunen und Geflüster.

Das eine Bild stellte den Tod dar, wie er an einer langen Kette vorbeimarschiert und mit der Sense einem Soldaten nach dem andern den Kopf abschlägt. Die Soldaten aber – und das war grausig anzusehen – standen alle stramm wie auf dem Kasernenhof, und die ihren Kopf noch hatten, machten die Augen zu. Vorn, auf dem Feuer einer platzenden Granate, saß grinsend der Teufel und schwenkte sein rotes Fähnchen.

Das Bild auf der andern Seite war ein Gastmahl in einer offnen Veranda. Eine Menge schöngeputzter Herren und Damen saßen da zu Tische. Erlesene Speisen und edle Weine standen vor ihnen. Sie aßen und lachten miteinander und warfen Knochen und Brotstücke über die Brüstung. Draußen standen viele arme Leute und fingen die Brocken auf; einige mit Haß in den Augen, andre mit tiefen Verbeugungen. Daneben standen etliche, die sahen traurig oder ingrimmig zu, und einer ballte die Faust nach dem Tisch mit den Speisen.

Diese beiden Bilder zogen die Menschen immer wieder machtvoll an, aber der Weise aus dem Morgenlande sah kopfschüttelnd zu; die Halle war schon seit Jahren fertig, und noch kein Pilger hatte den Stern der Decke gläubig angesehn.

Da kam eines Tages ein Findelkind der Armut in das Gewölbe. Heimatlos und elternlos war der Knabe ausgezogen, aber seine Augen waren voll Sonne und sein Herz voll Güte. Er sang in den blauen Himmel hinein, und sein trocknes Brot mundete ihm wie köstliches Manna.

Ehrfurchtsvoll trat er in das hohe Tor, ließ seine staunenden Blicke langsam durch das Gewölbe gleiten und sah entzückt auf zur Kuppel. Da war ihm, als ob das ganze strahlende Bauwerk fern oben in der Mitte zusammenfloß, und als ob sich goldne Ströme in langen Bahnen aus dem leuchtenden Sterne in die Halle zurückergössen. Immer wieder sah er hinab – hinauf – seine Augen wurden weit vor staunender Erkenntnis, und wie zum Gebet schlossen sich seine Hände.

Da erfüllte sich das Wunder, das dem Sterne innewohnte: Er fing an sich zu drehen und dem Knaben sein verborgnes Farbenspiel zu zeigen. Weich und glühend dehnten sich seine bunten Kreise durch das Gewölbe; und was sie berührten, wurde von eignem Leben erfüllt oder kristallen durchsichtig und offenbarte dem Beschauer sein innerstes Wirken. Da faltete der einsame Knabe gläubig die Hände und betete: »Gelobt sei Allah!«

Wie ein Träumender ging er zuerst durch das Gewimmel der andern Pilger; sie wichen scheu vor ihm, er aber merkte es nicht.

Bald jedoch erfüllte sich die Verheißung des Weisen an ihm; es war, als ob ein geheimes Licht in Menschen und Dinge hineinleuchtete. So sah er vieles, was den andern verborgen war, und was er selbst nie vorher gesehen hatte. Auch die Bilder in der Halle sah er mit neuen Augen. Auf dem Bilde mit den geköpften Soldaten erblickte er hinter allen Greueln den Friedensengel; und auf dem Bilde der Reichen und Armen sah er den Geist der Gerechtigkeit, der eben das Schwert aus der Scheide zog. Fern aber, zwischen beiden Bildern, tat sich ihm die Wand auf, und er sah ein neues Land in der Dämmerung liegen, wo stolze, gesunde Menschen ihrem Tagewerk und ihrer Muße nachgingen.

Und er sah das Lebendige und das Tote, und erkannte, daß ein Weizenkorn mehr sei als ein Goldkorn.

Und er sah den Krieg und die Bitternis, und wußte, daß der Frieden ihr letztes Kind sein würde.

Und er sah, daß der Tod nur ruhendes Leben und das Endliche nur ein Widerspiel des Unendlichen ist.

Und er wuchs und tat seinen Mund auf und sagte den Pilgern, was er sah. Und es ging ein Leuchten von ihm aus, so daß sie ihm glaubten und ihm anhingen.

Er hatte den Stern der Mitte gläubig angesehen.

Vom Feuermännchen und der Maus Grisegrau

»Heut will ich euch die Geschichte vom Feuermännchen erzählen«, sagte eines Abends unsere gute alte Tante Minna; »sie ist zwar ein bissel gruselig, aber ich will sie euch doch erzählen.

Ihr müßt wissen, zu Hause in Pankenbrück hatten wir einen großen Kachelofen, so einen recht altmodischen grünen Kachelofen. Und blanke Haken hatte er, um nasse Kleider dran aufzuhängen, und eine Warmröhre mit einer Messingtüre hatte er auch.

Darin gab es im Winter Bratäpfel oder ein Töpfchen mit Kaffee für den Fritz und die Grete, wenn sie müde und hungrig vom Schlittschuhlaufen kamen.

Ich sage euch Kinder, es war ein Prachtstück von einem alten Kachelofen!

Und was das Herrlichste war, es wohnte ein Feuermännchen drin, ein wirkliches gelbes Teufelchen. Wenn man unten die Tür aufmachte und die rote Glut einem entgegenschlug, konnte man ihn deutlich hüpfen und springen sehn, hopp, hopp, immer durch die Flammen durch, hinüber und herüber. Manchmal machte er auch einen ganz lächerlichen Spektakel. Er amüsierte sich, die Holzstücke, die nicht gleich brennen wollten, knack, mitten durchzubrechen, spuckte auch wohl in die Flammen, daß sie sprühten und zischten, und kicherte vernehmlich hinterher. Kurz und gut, er war eben ein rechtes Teufelchen, wie alle andern Feuermännchen auch sind.

Doch nun kommt meine Geschichte.

Einmal nämlich mußte ich eine Mausefalle aufstellen. Im Eckschrank in der Wohnstube hatte das Brot ein ganz verdächtiges Loch gehabt. Ich briet ein Stück Speck hübsch knusprig und legte es in die Falle. Am andern Morgen war der Speck weg, die Falle aber zu und von einem Mäuschen nix zu sehn. Grete und ich schüttelten verwundert die Köpfe; bloß der Fritz, der sich über nichts wunderte, lachte unbändig, so daß wir schon glaubten, er habe das Mäuschen wieder laufen lassen. Er sagte aber nein, und da er ein wahrhaftiger Junge war, mußten wir ihm schon glauben. Ich machte ein neues Stückchen Speck zurecht und richtete die Falle zum zweiten

Male. Aber es ging wie vorher: Speck weg, Maus weg, Falle zu! Das ging nicht mit rechten Dingen zu!

Ich machte mir nun mein Bett auf dem Sofa in der Wohnstube zurecht und wollte aufpassen. In der Falle roch wieder ein saftiges Speckstückchen. Ich legte mich hin und blinzelte von Zeit zu Zeit hinüber, aber es blieb alles still.

Wenn der Vollmond nicht so hell ins Zimmer geschienen hätte, wäre mir die Zeit gewiß recht lang geworden.

Endlich hörte ich Trippelschrittchen, und – Kinder, da hatten wir die Bescherung! Da kam mein Mäuschen, aber nicht allein, es hatte einen artigen Kavalier bei sich, nämlich unser leibhaftiges Feuermännchen. Der ging an die Falle, hielt zierlich und geschickt das Fallbrettchen hoch, Mäuschen holte den Speck, und als sie außer Gefahr war, ließ das Kerlchen vorsichtig den Deckel wieder fallen. Ich sah belustigt zu, mit welchem Appetit sie dann den Speck verzehrten, und spitzte die Ohren, was sie wohl sonst noch machen würden.

Ich brauchte nicht lange zu warten, bis sie ihre drolligen Spiele anfingen.

Mitten auf der Diele war ein großer weißer Fleck, den hatte der Vollmond dorthin gemalt. Da begannen sie ihre Kunststückchen. Wie die geschicktesten Turner und Seiltänzer sag' ich euch!

Einmal war Feuermännchen der Reiter und Maus das Pferdchen. Hui, ging's immer rundum, ohne Sattel und Zaum. Nein, das hättet ihr wirklich sehn müssen! Von Mäuschens kleinen Ohren bis zu Mäuschens Schwanzspitze lief das behende Männchen hin und her, vorwärts und rückwärts, daß sein gelbes Röckchen sich um ihn bauschte und die roten Schuhe klapperten. Dabei schoß er noch Köpfchen und schlug Räder; ich sage euch, mir wurde ganz wirblig dabei.

Oder Maus lief ihrem Kameraden blitzschnell durch die Beine, rechtsum, linksum, sprang ihm unversehens über den Kopf weg, wieder durch die Beine und lief ihm endlich davon. Dann begann ein tolles Haschen über Stuhl und Tisch, oben und unten; von der Gardinenstange aufs Fensterbrett, von dort auf die Sofalehne oder quer über die Kommode, bis sie sich endlich hatten und müde waren. Dann setzten sie sich artig auf eine Fußbank und streichelten und küßten sich wie richtige Liebesleute.

Bald aber tollten sie wieder wie vorher. Das dauerte so eine gute Stunde; da ging der Mond weg, und Maus und Feuermännchen verschwanden im Ofen, unten, wo schon lange eine Kachel fehlte. Na, nun wußte ich Bescheid und nahm mir vor, da nun einmal das Mäuschen unserm Feuermännchen sein Schatz war, ihr nix Böses zu tun. Im Gegenteil, Grete mußte jeden Tag ein Puppenschälchen voll Milch vor das Ofenloch stellen; und ich tat ab und zu auch noch einen andern guten Bissen hinein; wußte ich doch, daß auch Feuermännchen kein Kostverächter sei.

Bald war das Mäuschen so zahm, daß es sich auch am Tage hervorwagte, ja, es stellte sich zu den Mahlzeiten ein und trug manch Häppchen zu ihrem Schatz ins Ofenloch. Wir nannten sie Frau Grisegrau und hatten sie alle lieb.

Wenn Vollmond war, ließ es mir keine Ruhe; eine Nacht wenigstens mußte ich ihrem übermütigen Treiben zusehn. Auch dem Fritz und der Grete machte ich mal im Wohnzimmer ihr Bett auf; aber die dummen Jöhren schliefen immer ein und wußten am andern Morgen nix vom Feuermännchen und nix von Frau Grisegrau.

So lebten wir ein paar schöne Jahre zusammen; und wenn die Bratäpfel in unserm alten Ofen schmorten und draußen der Sturm ging, erzählte ich den Kindern neue Kunststücke von Feuermännchen und Grisegrau, und sie guckten vergnügt ins Ofenloch und sahen das Teufelchen lustig flackern und springen.

Doch nun kommt's traurig, Kinder, denn alles Schöne hat im Leben mal ein Ende.

Eines Tages lag unser Mäuschen tot vor ihrem Loche. Ein fremder Kater hatte sich hereingeschlichen und es erwischt. Ich verjagte ihn, aber ich kam zu spät.

Ich blieb im Wohnzimmer, und als der Mond kam, sah ich unser Feuermännchen klagend um die Leiche gehn. Zuletzt nahm er sie auf den Rücken und ging langsam den gewohnten Weg durch die Kachel.

Im Ofen war noch Glut, ich bückte mich, um hineinzusehn, da war er schon mit seiner lieben Grisegrau mitten drin. Hellauf loderten die Flammen, die die kleine Maus begraben sollten; ganz stille hockte das Feuermännchen daneben und sah zu.

Mir war ganz traurig zumute, als ob mir was liebes gestorben wäre . . .

Bei uns im Hause wurde es auch still, seitdem Feuermännchen und Grisegrau nicht mehr zusammen spielten. Der Fritz kam zu den Soldaten und die Grete wurde Erzieherin weit weg in Ungarn.

Für mich allein mochte ich keine Bratäpfel mehr in den alten Kachelofen legen, und auch das Feuermännchen habe ich seit jener Nacht nicht wieder gesehn.

Vom Kater, der gern ein Mensch sein wollte

Im Hause eines Dichters lebte einmal ein Kater. Er hatte ein glänzend schwarzes Fell, prachtvolle grüne Augen und den schönsten dicken Katerschwanz weit und breit. Kurz, er war ein Kater wie er sein muß! Sein Herr, der Dichter, hielt ihn hoch und wert; er behauptete, der Kater verstünde jedes Wort, und so war es auch.

Eines Abends, als der Dichter Besuch hatte, pfiff er dem Kater und ließ ihn auf den Tisch springen. »Jetzt zeige, was du kannst,« sagte er und hob den Finger. Da machte der Kater sogleich einen Buckel und fauchte die Umstehenden mit blitzenden Augen an. Der Dichter aber sagte: »Meinem Kater fehlt bloß die Sprache, hätte er die, wäre er sicherlich ebenso intelligent wie manche unsrer Professoren und könnte einen respektablen Doktor abgeben.« Die Freunde lachten und streichelten den vor Freude schnurrenden Kater. Einer von ihnen aber sagte: »Na, was nicht ist, kann ja noch werden.« Und sie lachten noch mehr.

Unserm Kater aber stiegen alle diese Worte zu Kopfe, und der Ehrgeiz fing an, ihn gewaltig zu jucken. »Wäre ich doch ein Mensch,« dachte er, »es muß herrlich sein, seinen tiefsten Gefühlen in Worten Ausdruck geben zu können; wie armselig ist unsre Katzensprache! Gelänge es mir doch menschlich zu sprechen, meinen Schwanz würde ich dafür hergeben!«

Er wurde ganz melancholisch und klagte nachts auf den Dächern dem Monde sein Leid. Der verstand ihn aber nicht, ebensowenig wie seine Nachbarin, die weiße Katze, die ihren Freund erschrocken von der Seite ansah und sich mit einem angstvollen Miau zu ihrem Vetter, dem grauen Kater flüchtete. Er sah ihr verächtlich nach: »Sie paßt doch nicht zu mir,« dachte er, »was weiß sie von meiner Sehnsucht;« und aufs neue ließ er seine klagende Stimme tönen.

Endlich hörte ihn eine zahme Krähe, die eine tüchtige Fertigkeit in der menschlichen Sprache besaß. »Willst du mir einen Teil deines Mittagbrotes abgeben?« krächzte sie, »ich kann dich schon lehren, kann dich schon lehren!« »O,« sagte der Kater erfreut, »alles, alles, und noch ein paar Mäuse dazu, liebe, verehrte Frau Krähe, Sie machen mich unendlich glücklich!«

Sie verabredeten nun Ort und Stunde, und der Unterricht begann. Zuerst lernte der Kater herzlich schwer; sein altes Miau kam ihm mitten in die schönsten Silben, aber schließlich begriff er, wie er die Zunge halten müsse, und es gelang ihm das erste Wort anzusprechen. Wie glücklich und stolz war unser Freund!

Wie fleißig übte er im Schatten des Schornsteins seine neue Kunst! Nach ein paar Monaten konnte er schon einen langen Satz hersagen; und bald übertraf er seine Lehrmeisterin, der er ein ganzes Gedicht vorsprach, das er von Fritzchen, dem Sohne des Dichters, gehört hatte!

Nun fühlte er sich ganz wie ein Mensch und beschloß in die Welt zu gehn, um was Rechtes zu werden.

Er schlich in Fritzens Kinderstube, wo im Schrank der Sonntagsanzug hing, zog ihn an und freute sich, wie schön er paßte. Weil aber der Schwanz immer hinten hinaus wollte, band er ihn auf dem Bauche fest, griff nach Fritzens Mütze und stahl sich in den Garten. Hier ging er ein paarmal aufrecht an der Mauer entlang, um sich das Gehen auf den Hinterbeinen anzugewöhnen. Schnell nahm er noch von der Krähe Abschied, warf der weißen Katze einen gnädigen Blick zu und begab sich auf die Wanderschaft.

Unterwegs versuchte er, um sich zu üben, das Märchen vom gestiefelten Kater zu erzählen, das er neulich von Fritzens Kindermuhme hatte vorlesen hören. Er vertiefte sich so in seine Aufgabe, daß er nicht merkte, was um ihn vorging. Es marschierte nämlich schon eine geraume Zeit ein ferienreisender Student neben ihm und hörte erstaunt und belustigt dem redenden Kater zu.

Endlich stieß er ihn an: »Bist du ein Mensch oder eine Katze?« fragte der Student. »Wie man' s nimmt,« entgegnete der Kater, indem er sich – wie der Kater im Märchen – anstandsvoll verneigte, »ich hoffe aber in der hohen menschlichen Gesellschaft ganz meine Katzennatur abzustreifen und ein wahrhafter Mensch zu werden.« Als der Student diese weisen und maßvollen Worte hörte, bot er dem Kater gleich Brüderschaft an und kaufte ihm einen Zwicker und Glacéhandschuhe. »Nun kannst du dich in der feinsten Gesellschaft bewegen,« meinte er.

So wanderten sie in Eintracht zusammen, denn der Student war ein lustiger Vogel und freute sich über das Abenteuer.

»Höre, Schwarzer,« sagte er eines Tages zu ihm, »du mußt auf die Universität, du bist ein so genialer Kater, daß du studieren mußt!« Der Kater wurde unter seinem Fell ganz rot vor Freude. »Und was meinst du, das ich studieren soll?« fragte er herzklopfend. »Ich glaube, du hättest Talent zum Juristen,« sagte der Student ernsthaft und erklärte seinem Freunde, was das sei. »Ich würde dir raten, nach der Schweiz zu gehn; in unserm deutschen Vaterlande ist es bisher Menschen von käterlicher Abkunft nicht gestattet, Jura zu studieren.« Der Kater war's zufrieden, ließ sich den Weg beschreiben und ging nach Zürich.

»Bist du ein Mensch oder ein Kater?« fragte ihn der Rektor der Universität. »Ich bin ein menschgewordner Kater,« sagte unser Freund stolz und bescheiden. Der Rektor sah ihn bedenklich an, schüttelte den Kopf, erteilte ihm aber schließlich die Erlaubnis, und so begann er zu studieren.

Aber nun fing sein Leiden an. Die Studenten gingen ihm aus dem Wege oder verspotteten ihn, wo sie konnten, so große Mühe er sich auch gab, sich ihren Sitten anzupassen. Er ließ sich das Gesicht glatt abrasieren, obwohl ihn jämmerlich fror, ja, gewöhnte sich selbst das Biertrinken und Tabakrauchen an, das ganz und gar nicht in seiner Natur lag, bloß, um den andern ähnlich zu werden und ihnen zu gefallen. Aber alle Zuvorkommenheit und Höflichkeit waren umsonst, er war und blieb für Professoren und Studenten der schwarze Kater und fühlte immer bittrer, wie sehr man ihn wegen seiner Herkunft verachtete.

»Wenn ich nur erst Doctor juris bin,« dachte er, »dann werden sie mich doch als ihresgleichen ansehen müssen,« und er studierte mit Feuereifer und Gründlichkeit.

Endlich war er so weit, um seine Doktorrede zu halten. Der große Saal war dicht gedrängt voll; alles wollte den weisen Kater sprechen hören und seinen Spaß an ihm haben. Er hatte die Glacéhandschuhe angezogen, den Zwicker aufgesetzt und betrat die Rednerbühne. Aus einer Ecke tönte ein langgezogenes, leises Miau; er zwang sich aber zur Ruhe und fing seine wohldurchdachte Rede an.

Als er aber an den Satz kam: »Die Welt ist dem Richterspruche der Zeit, und wir Menschen dem Richterspruche der Zukunft unterworfen,« geschah etwas Furchtbares.

Die Studenten fingen an zu johlen und laut Miau zu rufen, ein donnerndes Gelächter erhob sich, und dazwischen schrie man: »Kater, schwarzer Kater, Zukunftskater, Kater raus!«

Unser Kater zitterte und starrte auf die tobende Menge unter sich. Plötzlich kam ihm der Haufe da vor wie lauter piepsende, sich balgende Mäuse, lauter Mäuse, lauter piepsende Mäuse! Seine Haare sträubten sich, mit einem Ruck erwachte seine Katerseele; wütend riß er sich die Kleider vom Leibe, daß sein schwarzer Schwanz steil in die Höhe fuhr, und während sie im Saale noch lauter lachten und johlten, sprang er mit einem herzzerreißenden Miaugeheul den Zuhörern auf die Köpfe, brauchte seine scharfen Krallen und fauchte: »Lauter Mäuse, lauter Mäuse!« Da ergriff die Menge eine furchtbare Angst; und mit dem gellenden Rufe: »Der Kater ist toll geworden!« stürzte sie in wilder Flucht den Türen zu, und bald war der Saal leer.

Der Kater aber beruhigte sich nach und nach und sprang auf das Katheder, wo er das in Unordnung geratene Fell hübsch sauber und glatt leckte. »Es lohnt sich nicht der Mühe, Mensch zu werden,« dachte er, »wir Kater sind doch ein edleres Volk.« Darauf reckte er, wie erlöst, seinen geschmeidigen Katzenkörper, schnurrte, machte einen Buckel und verließ mit hocherhobenem Schwanze die Universität.

Sein Herr, der Dichter, freute sich, als er ihn wieder zurückkehren sah und verzieh ihm gern seine Streiche.

Einmal des Nachts, als sie beide allein waren, erzählte ihm der Kater seine Abenteuer, und der Dichter hat sie zur Warnung für alle andern ehrgeizigen Kater aufgeschrieben.

Wenn ihr aber den gelehrten Kater sehen wollt, so geht nach der Mühlenstraße Nr. 3, da sitzt er auf dem Laubendach und unterhält sich mit seiner Nachbarin, der weißen Katze.

Sonnenkind

Kinder! Ihr müßt mich nicht gar zu sehr um neue Geschichten quälen! Seht mal, mein Geschichtenbäumchen, das hinten im Garten steht, ihr kennt es ja, das Nußbäumchen, wird ja unwirsch, wenn ich zu oft komme. Und das darf ich nicht böse machen, um Himmelswillen nicht! Denn wenn so ein Geschichtenbäumchen böse wird, kann es schlimm krank werden. Dann läßt es seine blanken Blätter hängen, und all die blauen Schmetterlinge und die roten und gelben Vögelchen, die es sonst besuchen kommen, fliegen erschrocken weg; bloß Spinnen und Raupen klettern an ihm herum. Da könnt ihr euch denken, daß die Geschichten und Märchen, die man herunterschüttelt, auch häßlich werden, so häßlich, das man sie gar nicht weiter erzählen mag. Darum also, ihr großen und kleinen Plappermäulchen, wartet, bis ich von selber mit dem »es war einmal« anfange; dann sind die Kirschen reif und frisch vom Baum, und schmecken gut. Aber, damit ihr heut nicht ganz leer ausgeht, will ich euch erzählen, wie ich zu dem schönen Bäumchen gekommen bin, und warum ich es so sehr lieb habe.

Mein Bruder Karl war zehn Jahre alt geworden und nach der Stadt aufs Gymnasium gekommen. Ich war nun ganz allein in unserm stillen Pfarrhause. Mein Brüderchen, dem ich so gut war, und mit dem man so schön spielen konnte, war fort. Ich lief wie verloren umher. Kein Spielzeug mochte ich anfassen; selbst mit Wächter, unserm großen Hunde, verstand ich mich nicht mehr. Meine Eltern sahen das ein paar Tage mit an, sagten nichts dazu und taten mir alles zuliebe. Als es aber nach einer Woche noch ebenso ging, nahm mich mein Vater vor, sagte, ich wäre schon ein großes Mädchen und dürfte mich nicht so gehn lassen. Ich sollte fleißig lesen und lernen, daß ich nicht dümmer bliebe als der Karl; und damit er sich recht freue, wenn er in den Ferien nach Hause käme, sollte ich ihm eine schöne Tasche für seine Kämme und Bürsten sticken, die das gute Mutterle schon für mich besorgt hätte.

Erst stand ich wie aus Holz und kriegte kein Wort heraus, mir saß etwas Dickes in der Kehle, dann fing ich laut an zu schluchzen, machte kehrt, lief meinem Vater weg, weg aus dem Hause, die Dorfstraße entlang, immer weiter, bis ich mitten im Felde war. Da stand die große Blutbuche auf dem schmalen Wege und leuchtete wie Feuer, da gab es keine Menschen, da wuchsen nur die blauen Kornblumen und die bunten Wicken, da konnte ich mich nach Herzenslust auf die Erde werfen und böse sein. Denn das war ich. Ich wollte Karl keine Tasche sticken; ich wollte nicht artig zu meinem Vater sein; ich wollte überhaupt nichts, gar nichts, bloß in der Sonne liegen und sehr weinen.

Die Sonne aber schien recht heiß, und ich muß wohl bald eingeschlafen sein. Als ich aufwachte, stand ein schöner schlanker Junge vor mir; der hatte einen Büschel Nußblätter in der Hand und hielt sie zwischen mich und die Sonne. Ich sprang auf und machte große Augen. »Wer bist du? Wo kommst du her?« Er guckte mich freundlich an: »Ich bin Sonnenkind, ich weiß, daß du niemand zum Spielen hast; darum bin ich gekommen, ich will heut mit dir spielen. Paß mal auf!« Und er bewegte die Nußblätter, als ob er in den Himmel winke. Da kamen von allen Seiten große Schmetterlinge angeflogen, blaue, gelbe und rote und setzten sich auf die Blutbuche. Sonnenkind sang:

> Sonnenvögelchen tanzen den Reigen
> über den Zweigen,
> über dem Korn.

Da flatterten die Schmetterlinge in die Luft, ordneten sich in Reihen, je nach ihrer Farbe, flogen übereinander, umeinander, durcheinander, je nachdem Sonnenkind die Nußblätter bewegte, bildeten Kreise und Sterne, klappten im Takt die Flügel auf und zu, und lösten sich zuletzt in einen großen flimmernden Kreis auf, der uns umtanzte. Ihr könnt euch gar nicht denken, wie herrlich das war! Sonnenkind aber winkte wieder mit den Zweigen; da senkten die Schmetterlinge wie zum Gruß ihre Fühlerchen und flogen weithin über das Feld.

Sonnenkind aber streckte die Nußzweige wieder aus und sang:

> Ihr Elfenseelchen,
> ihr Sonnenstrählchen,
> kommt, ich will mit euch spielen!

Da fielen wohl hundert kleiner goldner Strahlen auf die Nußblätter; Sonnenkind ordnete sie und spielte mit ihnen Fangball. Er warf sie so seltsam geschickt in die Höhe und nach den Seiten, daß es wie lauter Blitze um uns zuckte, und daß ich vor Helligkeit gar nichts daneben erkennen konnte. Endlich hatte er alle in der Hand und fing an, mit den goldnen Dingern zu bauen. Wunderliche Türme wuchsen hoch, Brücken, unter denen das Wasser glänzte, goldne Gärten mit Springbrunnen und glühenden Blumen. Ich war wie verzaubert, faßte Sonnenkind um den Hals und küßte ihn. Er aber warf die Sonnenstrahlen wieder in die Luft, wo sie wie Sprühregen zergingen.

»Warte, nun wollen wir Greifen spielen«, sagte er und gab mir eins der großen Nußblätter. Da war mir, als hätte ich keine Füße; ich lief über die Ähren, ohne sie zu treten, ich konnte auf die Bäume, ohne zu klettern, und jauchzend versuchte ich Sonnenkind zu fangen; der aber war schneller als ich; immer, wenn ich dachte, ich hätte ihn, war er wieder weg und lachte mich mit seinen blauen Augen auffordernd an. Endlich, ich glaube, er hat sich mit Willen kriegen lassen, hielt ich ihn fest. Atemlos und lachend setzten wir uns auf einen Stein, legten die Hände um unsre Schultern und ruhten uns aus. Um uns blühten Kornblumen und wilder Mohn; ich machte einen Kranz für Sonnenkind und freute mich, wie schön der zu seinem blonden Haar stimmte.

»Wollen wir zum Schluß noch eine Eisenbahnfahrt machen?« fragte er, und als ich nickte, sang er:

> Spinnlein spinnt
> wie der Wind
> eine Bahn für Sonnenkind.

Da kamen hundert große Spinnen angekrochen, und ehe ich's begreifen konnte, waren kleine Geleise in der Luft gesponnen und eine niedliche Lokomotive aus Nußschalen kam angesaust. »Fürchte dich nicht,« lachte Sonnenkind, »mein Wagen ist sicher,« und als er mich mit den Nußblättern berührte, waren wir klein wie Ameisen, und nun ging's blitzschnell über Wälder und Seen, über Städte, die wie Puppenhäuschen unten lagen, in die Welt hinein. Als wir am Mond vorbeikamen, machte der große Augen und rief:

»Wollt ihr wohl zu Bett, ihr Krabben?« Wir aber etschten ihn aus und fuhren weiter, bis ans Meer. Da sahen wir still zu, wie die großen Wellen kamen, an den Strand liefen und zurückfluteten; immer wieder, immer wieder, und hörten dem Brausen zu, das von weit her tönte und doch so nah war.

Als wir nach Hause fuhren, faßte ich Sonnenkind bei der Hand und sagte: »Willst du nicht bei mir bleiben? Ich habe dich so lieb, lieber als Bruder Karlmann; komm mit, meine Mutter wird sich auch freuen, du kannst in Karls Bett schlafen, und wenn wir fertig sind mit arbeiten, spielen wir zusammen.« Sonnenkind streichelte mir die Backen, küßte mich und sagte: »Nein, kleines Mädchen, so wie ich dich lieb habe, habe ich all die andern Kinder auch lieb; und wenn sie recht traurig sind, komme ich und spiele mit ihnen. Weißt du, wohin ich morgen gehen werde?« »Zu Karlmann,« rief ich, »gewiß zu Karlmann.« »Ja, das will ich, der arme Junge! Er bangt sich gewiß auch nach seinem Schwesterchen, und denk mal, du hast doch noch dein Muttchen, deinen lieben Vater und euren Wächter; – er hat niemand: lauter fremde Menschen, an die er sich erst gewöhnen muß.« Mir wurde ganz still im Herzen, als Sonnenkind so zu mir redete. Ich wollte ganz gewiß nicht mehr so unartig sein wie heut mittag, und gleich, wenn ich nach Hause käme, wollte ich die Stickerei für Karl anfangen. Als wir aus der kleinen Eisenbahn ausstiegen und wieder an der Blutbuche standen, sagte mir Sonnenkind Lebewohl. Ich sah ihn traurig an. »Wirst du denn nun nie mehr wiederkommen und so schön mit mir spielen?«

»Vielleicht,« sagte er, »vielleicht; aber weil du so liebe braune Augen hast und so gern mit deinem Bruder spielst, was nicht vieler Kinder Sache ist – will ich dir was Schönes schenken.« Damit nahm er einen der Nußzweige und pflanzte ihn in die Erde.

»Nimm ihn mit, wohin du immer kommst,« sagte er und küßte mich.

Dann ging er leise über das Ährenfeld, mitten in die Abendsonne hinein, die wie eine große, rote Blume am Himmel stand.

Als ich den Nußzweig aus der Erde zog, hatte er Wurzeln und ich pflanzte ihn in unsern Garten, wo er wuchs und gedieh.

So, Kinder, bin ich zu meinem lieben Geschichtenbäumchen ge-kommen, das mir all die schönen Märchen und Lieder erzählt und vorsingt. Wenn ich traurig bin, setze ich mich unter seine Zweige; da kommen die blauen Schmetterlinge und die bunten Vögelchen und wollen mich auf andere Gedanken bringen; und wenn das nicht hilft, mache ich die Augen zu. Dann sehe ich Sonnenkind in seiner Schönheit vor mir, höre seine liebe Stimme, und all die schö-nen Spiele, die wir zusammen gespielt haben, fallen mir wieder ein. Alle Traurigkeit ist da verflogen, und die Sonne guckt durch die dichtesten Wolken.

Wenn ihr mich an solchen Tagen besucht, spiele ich mit euch was ihr wollt! Aber neue Geschichten kann ich euch wirklich nicht im-mer erzählen!

Die Christblume

Einsam ist die Blume, von der ich euch heut erzählen will. Sie kennt nicht die frohen Tage des Frühlings noch die duftreichen Nächte des Sommers. Keine flüsternden Gefährtinnen wachsen neben ihr auf, kein Vogel singt sie in Träume. In Schnee und Eis muß sie schauen, der Nordwind streicht über sie hin, und das eintönige Krächzen der Rabenvögel ist ihre Musik.

Und doch ist sie weiß und zart wie nur eine ihrer Schwestern; anmutig wächst sie aus dem Kranze grüner Blätter empor, und ihr tiefer Kelch hütet die Geheimnisse der Blumen. Und sie fühlt keinen Winterschmerz! Still und stolz steht sie in ihrer Kraft. Sie weiß, daß sie begnadet ist: die einzige Blume, die im Winter blühen darf, die einzige Blume, die das heilige Christfest feiern darf mit den Bewohnern der Erde. Sage mir, Schwester der Lilie, was rief dich ins winterliche Leben? Was gab dir die Macht, der Kälte und dem Sturm zu trotzen? Warum schläfst du nicht im Frieden der Erde?

Die Blätter rauschen mir Töne und Akkorde zu, sie raunen und rauschen – Silben höre ich, Worte – und nun will ich ihre Geschichte erzählen.

Es ist Totensonntag. Auf dem Wege zum Kirchhof geht eine stille dunkle Schar Menschen. Sie tragen Totenkränze, Tannenreiser und Immortellen, immergrüne Eichen und rote Vogelsbeeren. Sie gehn schweigend, als dächten sie vergangner Tage oder träumten in banger Hoffnung von künftiger Helle. Der letzte im Zug ist ein kleiner Knabe, der auf der Schulter ein grünes Holzkreuz trägt, eine schwere Last für einen jungen Körper!

Es ist ein armseliges Kreuz, roh gefügt, mit abgeschrägten Ecken. Des Knaben Blicke aber ruhen liebevoll darauf; seine jungen, ungeübten Hände haben wohl selbst das Holz geschnitzt.

Aus der Kapelle des Totenhauses läutet die kleine Glocke, und andächtig zieht die Schar der Trauernden durch das Portal. Ein leiser Wind geht mit ihnen; es sind die Todesengel, die dem Zuge unsichtbar folgen. Vom breiten Mittelwege aus verteilen sich lautlos die Gäste der Toten. Bald hat auch der blasse Knabe das Grab seiner Mutter gefunden. Es ist ein frischer Hügel; ohne Schmuck und ohne Pflege liegt er im kühlen Frühnebel. Der Kleine kniet nieder, pflanzt sein Kreuzlein zu Häupten der Toten und betet leise. Der Engel, der ihm folgte, beugt sich nieder, um die Inschrift zu lesen. »Liebe Mutter«, steht in großen, kindlichen Buchstaben auf dem Querholz, sonst nichts. Da küßte der Engel das Kind aufs Haupt.

Die andern Gräber schmückten sich nach und nach mit den Blumen und Kränzen der Leidtragenden; des Knaben Augen aber sahen angstvoll über das leere Grab, und ein Zucken des Schmerzes ging über das kleine Gesicht. »Lieber Gott,« betete er leise, »laß meiner Mutter auch eine schöne Blume wachsen, ich muß fort ins Waisenhaus und kann ihr keine mehr bringen. Du aber kannst es, lieber Gott, du bist gut und allmächtig, und ich bitte dich sehr.«

Da küßte der Engel das Kind zum zweiten Male, und ein stiller Schein der Gewißheit kam in die braunen Augen des Knaben. Er rückte das Kreuzlein noch einmal zurecht, küßte das Grab seiner Mutter und folgte den andern Leuten, die den Heimweg antraten.

Der Engel aber flog heim zu Gott und brachte ihm den Wunsch des Knaben. »Es ist Winter,« sprach der Herr, »alle Pflanzen schlafen; soll ich dieses Kindes wegen meine ewigen Gesetze ändern?« »Deine Allmacht, o Herr, ist größer als dein Gesetz, deine Güte reicher als dein Wille!« Da lächelte der Herr, daß die Wolken erstrahlten und ein Klingen durch die Sterne ging. »Komm«, sagte er zum Engel, und sie traten schweigend in den Garten des Paradieses.

Dort blühen die Blumen, die achtlose Hände auf Erden fortgeworfen und achtlose Füße zertreten haben. Schöner blühen sie hier im himmlischen Licht als in der irdischen Sonne; und als der Schöpfer zu ihnen trat, reckten sich Ranken und Gräser ihm entgegen, und die Kelche strömten über von Duft und Glanz.

Gott aber trat zu einer weißen Lilie, nahm die zitternde aus dem Schoße des Himmels, küßte sie und gab sie dem Engel. »Dem Erdenkinde zur Freude und meinem Sohne zum Angedenken blühe diese Botin des Himmels künftig auf Erden in Eis und Schnee. Die Winde sollen ihren Samen durch die Länder des Nordens tragen; die Wärme meines Willens ströme durch ihre Wurzeln und bleibe ihr für die Dauer der irdischen Zeit!«

»Du aber lege das Zeichen des Todes ab und schütze den Knaben mit dem warmen Herzen. Breite deine Flügel um ihn aus, daß der

Same, der in seiner Seele keimt, auch in Frost und Dürre nicht ersterbe, und die Blume der Menschenliebe daraus erblühe; sie ist holder als alle Blumen des Paradieses.«

Dankbar neigte sich der Engel, küßte des Herrn Gewand und ging seinen Befehlen zu folgen.

So ist die Christblume auf die Erde gekommen, und fromme Menschen fühlen ihren heiligen Ursprung.

Die Geschichte einer Winterfliege

Vor sehr langer Zeit war ich eine kleine Winterfliege. Ihr braucht nicht lachen, liebe Kinder, ich erinnere mich ganz wohl, daß ich an hohen Fensterscheiben auf und ab kroch und draußen die schwarzen Bäume und den weißen Schnee sah. Zuerst hatte ich noch Gesellschaft, eine lahme Brummfliege, die im Frühling geboren war und mir von ihm erzählte. Die schwarzen Bäume hatten da lauter weiche, grüne Blätter gehabt, und vor dem Hause, wo jetzt der Schnee lag, war alles bunt und leuchtend gewesen, voll Blumen und Gräser und Duft und Honig. Die blauen Wasserjüngferchen hatten in der Luft geschaukelt wie lebendige Blüten, und die Sonne hatte einem bis ins Herz geschienen. Und ich sehnte mich nach dem Frühling. Die alte Fliege wurde immer schweigsamer; sie mochte nicht mehr leben und fiel eines Morgens tot aufs Fensterbrett.

Ich mußte nun allein an ihren Frühling denken, und ob er wohl wiederkäme.

Das Zimmer, in dem ich flog, war hoch und warm. Es waren blanke Holzrahmen da und dunkle Schnitzereien, in denen man gut herumklettern konnte; an Nahrung fehlte es mir auch nicht, das Herumfliegen machte mir aber keine Freude, ich wartete immer.

Die alte Dame im Lehnstuhl am Fenster wartete auch, ich fühlte es. Sie hatte immer ein braunes Kleid an, in der Woche ein wollenes, am Sonntag ein seidenes. Ich kroch gern daran in die Höhe und setzte mich auf die weißen Spitzenmanschetten. Da konnte ich lange sitzen und den alten, dünnen Fingern zusehen, die emsig an wollenen Männerstrümpfen strickten. Manchmal hatte sie auch eine Zeitung in der Hand und las halblaut vor sich hin, meist von Schiffen, die ankommen sollten; manchmal guckte sie auch still und lange aus dem Fenster, und ich dachte oft, sie müsse wohl auch auf den Frühling warten.

Eines Tages bekam sie einen großen Brief, den las sie immer wieder. Ich saß grade auf dem hölzernen Löwenkopf an ihrem Lehnstuhl. »Siehst du, kleine Winterfliege,« sagte sie, »siehst du, jetzt kommt mein Junge, mein Konrad,« und sie sah ganz rot und glücklich aus. Von diesem Tage an trug sie immer das braune seidene Kleid und saß noch viel mehr an dem Fenster. Sie holte das alte

Silberzeug aus dem Glasschrank und rieb es blank, und das Dienstmädchen machte reine weiße Gardinen an.

So verging ein Tag nach dem andern, und immer noch warteten wir, die alte Dame auf ihren Sohn und ich auf den Frühling. Endlich kam er. Ein junger, brauner Mann riß die Tür auf. »Muttel, Mutti, Mutterchen,« rief er; die alte Dame aber weinte bloß und sagte gar nichts und streichelte immerfort sein Haar. An der Tür stand ein junges Mädchen mit hellen Augen und einem weißen Gesicht, das nahm der junge Mann bei der Hand und sagte: »Dies ist Susanne, meine Braut, nun wirst du auch eine Tochter haben und eine liebe dazu!« Die alte Dame konnte immer noch nichts sagen; sie setzte sich auf das Sofa zwischen die jungen Menschen und streichelte ihnen abwechselnd die Hände. Dann wurde der Kaffee gebracht, ich setzte mich auf ein Stück Zucker, und die Brautleute bekamen die schönen silbernen Tassen.

Nun konnte die Mutter endlich sprechen und sie erzählte von ihrer Brautzeit, und daß sie an ihrem Hochzeitstage mit ihrem Manne aus den Tassen getrunken habe und am Tauftage ihres Konrad wieder, und daß sie die Tassen nun ihren Kindern schenken wolle, wie sie sie auch von ihrem Vater bekommen hätte.

Der junge Mann sprach von seinen Reisen über das Weltmeer und das junge Mädchen von ihrer Heimat und ihren kleinen Geschwistern, und wie lieb sie nun den Konrad hätte. Die alte Dame sah immer selig von einem zum andern und griff sich von Zeit zu Zeit nach der Brust. Ich bekam auf einmal wieder Sehnsucht nach dem Frühling und flog an die Fensterscheibe.

Draußen lag kein Schnee mehr, nur Wasserlachen standen auf der Wiese, und die Sonne blinkerte drin wie Gold. An den schwarzen Bäumen saßen überall helle, grüne Spitzen, und meine Flügel zitterten vor Verlangen hinauszufliegen, aber das Fenster war verschlossen.

In der Nacht war viel Gelaufe im Hause. Ich hörte Türen auf und zu klappen und einen Wagen hin und her fahren. Auch war mir, als würde oben geweint. Am Morgen kamen der junge Mann und das junge Mädchen blaß und mit schwarzen Kleidern in die Stube. Sie setzten sich still auf das Sofa und sprachen lange kein Wort. Plötzlich stand der junge Mann auf, strich sich mit der Hand durch die

Haare und sagte: »Komm, Sannchen, sie ist vor Freude gestorben, und in Freude wollen wir an unsre liebe Mutter denken! Wir werden diesen Frühlingstag nicht vergessen und ihn alljährlich im Andenken an diesen seligen Tod feiern! Sieh, wie draußen alles zu neuem Licht ersteht! Komm!«

Und sie gingen Hand in Hand hinaus, und ich flog ihnen nach. Draußen war lauter Licht und Sonne, und mir war, als flöge ich zum erstenmal. Ich huschte selig von einem Baum zum andern, bis ich an einen kam, der kein Blatt, aber viele leuchtende Blüten hatte. Wie das duftete und flimmerte! Ich taumelte von einem Kelch zum andern und schlürfte und trank und taumelte. Und die Sonne schien mir ins Herz, und die blauen Wasserjüngferchen schaukelten um mich her, und alles rauschte, brauste, zitterte . . . Da muß ich wohl auch vor Freude gestorben sein, denn weiter weiß ich nichts mehr aus der Zeit, da ich eine kleine Winterfliege war.

Neujahrsspiel

Das Jahr und die Monate

Ein Neujahrsfestspiel für Kinder oder junge Leute

Das Jahr kommt in einem grauen Mantel, der die darunter befindliche Festkleidung ganz verhüllt, vor die Zuschauer. Nach Beendigung des Prologes winkt es nach und nach den 12 Monaten, die, nachdem sie ihren Vers gesprochen, sich um die Mutter scharen. Ein direkt an das Schluß- wort des Jahres anschließender Tanz erhöht die Wirkung des Festspiels.

Das alte Jahr Grüß Gott, ihr Leute, ich bin das Jahr,
das immer ist und immer war,
das immer kommt und immer geht
und niemals zaudernd stillesteht;
das mit geheimem Pendelschlag
die Weltuhr regelt Tag für Tag.
Die Würfel werf ich: Leben und Tod,
Glück oder Unglück, Heil oder Not;
sie fallen gewichtig und ordnen die Welt, –
doch bin ich dem Höheren unterstellt! –

      Zwölf Kinder hab ich zur Welt gebracht,
      sie gleichen sich wenig, doch jedes hat Macht;
      sie strömen gestaltend durch die Welt;
      eins ist mir immer zugesellt,
      während die andern harren und ruhn
      zu neuer Arbeit, zu frischem Tun.

      Nur heut an meinem Geburtstag sind
      sie alle gekommen aus Regen und Wind,
      aus Sonne und Nebel, aus Tiefen und Höhn,
      ihre alte Mutter wiederzusehn.
      Herein, meine Söhne, ein Kompliment
      und sagt den Leuten, was ihr könnt!

Januar Grüß Gott! Ich bin der Januar,
voll Schnee und Eis hängt Bart und Haar
Der Vetter Nordwind versteht das Blasen,
steif sind die Ohren, rot die Nasen.
Zugefroren ist See und Fluß.
Schnell! den Schlittschuh an den Fuß!

Die Eisen gleiten
durch blitzende Weiten,
in Bogen und Zacken,
das gibt rote Backen!
Hört ihr das Schellengeläut? Meine Gäste
sausen durch Schnee und Rauhreifgeäste!

Februar Grüß Gott! Ich heiße Februar,
gleiche dem Bruder fast aufs Haar,
nur trage ich gern ein Maskenröckchen,
an meiner Kappe klingeln Glöckchen.
Weil ich im Spiel und Tanzen tüchtig,
schelten sie mich vergnügungssüchtig,
spotten und lachen hinter mir her,
weil ich zu kurz geraten wär;
rufen: »Prinz Karneval,
Narren gibt's überall –.«
Doch meinen Punsch und Pfannekuchen
möchten Narren und Weise versuchen.

März Grüß Gott! Ich bin der Bruder März,
ich habe ein wildes, stürmisches Herz.
Kann mich nicht mit den Brüdern vertragen,
puste ihnen den Schnee vom Kragen.
Säubre die Wälder,
fege die Felder,
tu aus der Seele das Kalte hassen,
muß es doch oft mir gefallen lassen;
aber, bin ich erst König ein Weilchen,
grüßt ihr mit mir die ersten Veilchen,
seht ihr die Spitzen an Sträuchern und Bäumen,
die selig von künft'ger Entfaltung träumen.

April Grüß Gott! Ich bin der lust'ge April,
der immer tut, was er grade will.
Mal liebe ich's naß, mal liebe ich's trocken,
die Vögel tu ich nach Hause locken.
Schneewassergüsse
schwellen die Flüsse.
Ich aber streif' durch den Wiesengrund,

öffne der Obstblüte lieblichen Mund
und nicke den närrischen Träumern zu,
(mit ihnen steh ich auf du und du)
schickt sie nur immer, ich lehre sie lachen,
und sich aus den Plagen der Welt nichts machen.

    Mai Grüß Gott! Der Mai darf kaum noch wagen
besondres von sich auszusagen.
Ich schäme mich wirklich; bin so bekannt,
wie ein bunter Pudel rings im Land.
Diese sammetlockigen deutschen Dichter!
(hole der Kuckuck das Reimgelichter)
»– der süße Mai, der entzückende Mai«
»der blütenbekränzte, der himmlische Mai –«
– mir wird ganz blümerant dabei,
denk ich an all die Dudelei.
Die Kinder lob ich, das lärmt und lacht
und feiert ganz ungereimt meine Pracht

    Juni Grüß Gott! Ich werde Juni genannt,
Farben und Düfte bring ich ins Land.
Seht, wie's im Garten knospet und quillt,
Seht, wie die Frucht sich rundet und schwillt!
Vor allem muß ich die Rosen wecken,
ich küsse sie wach an Stamm und Hecken.
Sind Regen und Wind
mir wohlgesinnt
schaff ich und wirke am grünen Gewande,
halte die Hoffnung am schimmernden Bande
und pflege das Wachstum der kommenden Zeit;
wenn der Schnitter prüft – ist die Saat bereit.

    Juli Grüß Gott! Erlaubt mir, daß ich sitze,
ich bin der Juli; fühlt ihr die Hitze?
Kaum weiß ich, was ich noch schaffen soll,
die Ähren sind zum Bersten voll;
reif sind die Beeren, die blauen und roten,
saftig sind Möhren und Bohnen und Schoten.
So habe ich heut wenig zu tun,
Darf mich ein bißchen im Schatten ruhn.

Duftender Lindenbaum
rausche den Sommertraum!
Seht ihr die Wolke? Fühlt ihr die Schwüle?
Bald bringt Gewitter Regen und Kühle.

August Grüß Gott! Ich bin der Monat August,
bin ernster Pflichten mir bewußt;
muß Frucht und Korn zur Ernte reifen,
meine Lieblingsmusik ist das Sensenschleifen.
Bald kommt die Ernte; der Himmel lacht,
der Segen wird in die Scheunen gebracht.
Zum fröhlichen Reigen
Jubeln die Geigen,
doch mancher steht abseits vom Taumel und denkt
des Schöpfers, der alles zum Besten lenkt,
der Ordnung bringt in den Gang der Dinge,
daß Schweiß und Fleiß auch Freude bringe.

September Grüß Gott! Ich bin der September, ich ziere
mit rotem Weinlaub eure Spaliere.
Dem Wandrer lachen auf allen Wegen
köstlich die reifenden Früchte entgegen,
die gelben und roten. Ich liebe die Ferne,
am Ufer der Meere träume ich gerne,
wo die Welle beginnt,
wo die Welle zerrinnt,
wo die Brandung braust und überschäumt
und ein Zugvogelschwarm den Himmel säumt.
Da lieg ich und grüble und suche vergebens
den Sinn des Sterbens, den Sinn des Lebens.

Oktober Grüß Gott! Ich bin der Bruder Oktober;
die Nase glänzt mir wie Zinnober,
das kommt vom Gläschengucken. Vor Zeiten
lehrt' ich die Menschen Wein bereiten,
der wurde bald ihr Lieblingsgetränke,
Jetzt kriegt man ihn in jeder Schenke.
Kommt mit zum Wein,
ich lade euch ein!
Seht, wie die Wälder sich buntselig färben,

sie wissen: ein Schlaf nur ist alles Sterben.
So kommt und trinkt und fragt nicht viel:
Das Leben ist des Lebens Ziel!

November Grüß Gott! Der November stellt sich vor.
Mir ist ergeben der große Chor
der Winde und Stürme, die das Gefilde
von Unrat säubern; und auch die Gilde
der Nebel und Wolken ist mir vertraut;
wer auf des Meeres Sanftmut baut,
wagt sein Leben, wenn ich regiere,
ich hasse den Frohsinn in meinem Reviere,
ich hasse die Sonne, hasse die Milde,
zerreiße im Felde das letzte Gebilde.
Ich liebe nur eins, wenn das Jagdhorn schallt,
hinter scheuem Wilde die Büchse knallt!

Dezember Grüß Gott! Ich bin der Dezember, und flechte
zu kurzen Tagen die langen Nächte,
Karg ist die Sonne in meinem Gezelt,
doch bring ich ins Haus eine warme Welt.
Wenn im Ofen die Bratäpfel schmoren,
flüstert es leise von Mündern zu Ohren,
gibt es ein Reden, ein Kichern und Necken,
ein Fragen und Freuen, Paketeverstecken,
ein »bitte Mama«, ein »sag doch Papa,
ist's Christkindel denn noch nicht da?«
Wenn am heiligen Abend der Tannenbaum brennt,
bin ich in meinem Element;
Hell sind die Kerzen,
heller die Herzen,
Uns kümmert nicht Kälte noch Regen und Wind;
doch denen, die arm und traurig sind,
und denen die Not alle Freude verbannt,
geben wir gern mit Herz und Hand.

Das Jahr Wohl, meine Kinder! Ihr aber denkt
an den Wechsel der Dinge und den, der sie lenkt.
Stein wird zu Sand, Lebend'ges zu Stein,
Luft wird zu Wasser, Glut zu Wein,

Frucht wird zum Samen, Samen zum Baum,
Raum wird zu Zeit und Zeit zum Raum.
Und immer rollt durchs Himmelszelt
die Erde, unsre alte Welt,
die stets verjüngt, in neuer Kraft,
fruchtbar ihr strahlendes Kleid sich schafft.
Jedoch ihr Diadem und Zier
ihr Menschenkinder, das seid *Ihr!*
Drum freut euch ihrer Herrlichkeit,
freut euch des Meeres, so stark und weit,
freut euch der Wälder, der Blüte, der Frucht,
freut euch der Berge mit Tal und Schlucht.
Und freut euch eurer eignen Kraft,
die der Erkenntnis Wunder schafft;
seid glücklich, daß ihr Menschen seid,
der schönste Schmuck in Gottes Kleid,
seid friedensstark, seid willensklar,
das wünscht das neue Erdenjahr!

(*Sie hat den grauen Mantel abgeworfen und steht im strahlenden Kleide.*)

Seid friedensstark und willensklar,
das wünscht der Monate bunte Schar!

Prosit Neujahr!

1

---

[1] Wenn sich ein Reigen an das Festspiel anschließt, fällt das »Prosit Neujahr« fort
und das Jahr spricht zum Übergange folgende Strophe:
Nun reicht euch zur Wende
des Jahres die Hände
und grüßt euch mit Neigen
und schlingt euren Reigen.
Spiel auf, Musik, begleite sie,
denn alles eint die Harmonie!

Über tredition

Eigenes Buch veröffentlichen

tredition wurde 2006 in Hamburg gegründet und hat seither mehrere tausend Buchtitel veröffentlicht. Autoren veröffentlichen in wenigen leichten Schritten gedruckte Bücher, e-Books und audio-Books. tredition hat das Ziel, die beste und fairste Veröffentlichungsmöglichkeit für Autoren zu bieten.

tredition wurde mit der Erkenntnis gegründet, dass nur etwa jedes 200. bei Verlagen eingereichte Manuskript veröffentlicht wird. Dabei hat jedes Buch seinen Markt, also seine Leser. tredition sorgt dafür, dass für jedes Buch die Leserschaft auch erreicht wird.

Im einzigartigen Literatur-Netzwerk von tredition bieten zahlreiche Literatur-Partner (das sind Lektoren, Übersetzer, Hörbuchsprecher und Illustratoren) ihre Dienstleistung an, um Manuskripte zu verbessern oder die Vielfalt zu erhöhen. Autoren vereinbaren direkt mit den Literatur-Partnern die Konditionen ihrer Zusammenarbeit und partizipieren gemeinsam am Erfolg des Buches.

Das gesamte Verlagsprogramm von tredition ist bei allen stationären Buchhandlungen und Online-Buchhändlern wie z. B. Amazon erhältlich. e-Books stehen bei den führenden Online-Portalen (z. B. iBookstore von Apple oder Kindle von Amazon) zum Verkauf.

Einfach leicht ein Buch veröffentlichen: **www.tredition.de**

Eigene Buchreihe oder eigenen Verlag gründen

Seit 2009 bietet tredition sein Verlagskonzept auch als sogenanntes "White-Label" an. Das bedeutet, dass andere Unternehmen, Institutionen und Personen risikofrei und unkompliziert selbst zum Herausgeber von Büchern und Buchreihen unter eigener Marke werden können. tredition übernimmt dabei das komplette Herstellungs- und Distributionsrisiko.

Zahlreiche Zeitschriften-, Zeitungs- und Buchverlage, Universitäten, Forschungseinrichtungen u.v.m. nutzen diese Dienstleistung von tredition, um unter eigener Marke ohne Risiko Bücher zu verlegen.

Alle Informationen im Internet: **www.tredition.de/fuer-verlage**

tredition wurde mit mehreren Innovationspreisen ausgezeichnet, u. a. mit dem Webfuture Award und dem Innovationspreis der Buch Digitale.

tredition ist Mitglied im Börsenverein des Deutschen Buchhandels.

Dieses Werk elektronisch lesen

Dieses Werk ist Teil der Gutenberg-DE Edition DVD. Diese enthält das komplette Archiv des Projekt Gutenberg-DE. Die DVD ist im Internet erhältlich auf **http://gutenbergshop.abc.de**

MIX

Papier | Fördert
gute Waldnutzung

FSC® C083411

Zeitfracht Medien GmbH
Ferdinand-Jühlke-Straße 7
99095 Erfurt, Deutschland
produktsicherheit@kolibri360.de